手賀沼・我孫子別荘史

―別荘地から近郊住宅都市へ―

小林康達

手賀沼ブックレット No.14

図0-1　我孫子市周辺の地形分類図（出典）『我孫子市史―原始・古代・中世篇』久保純子氏作成図

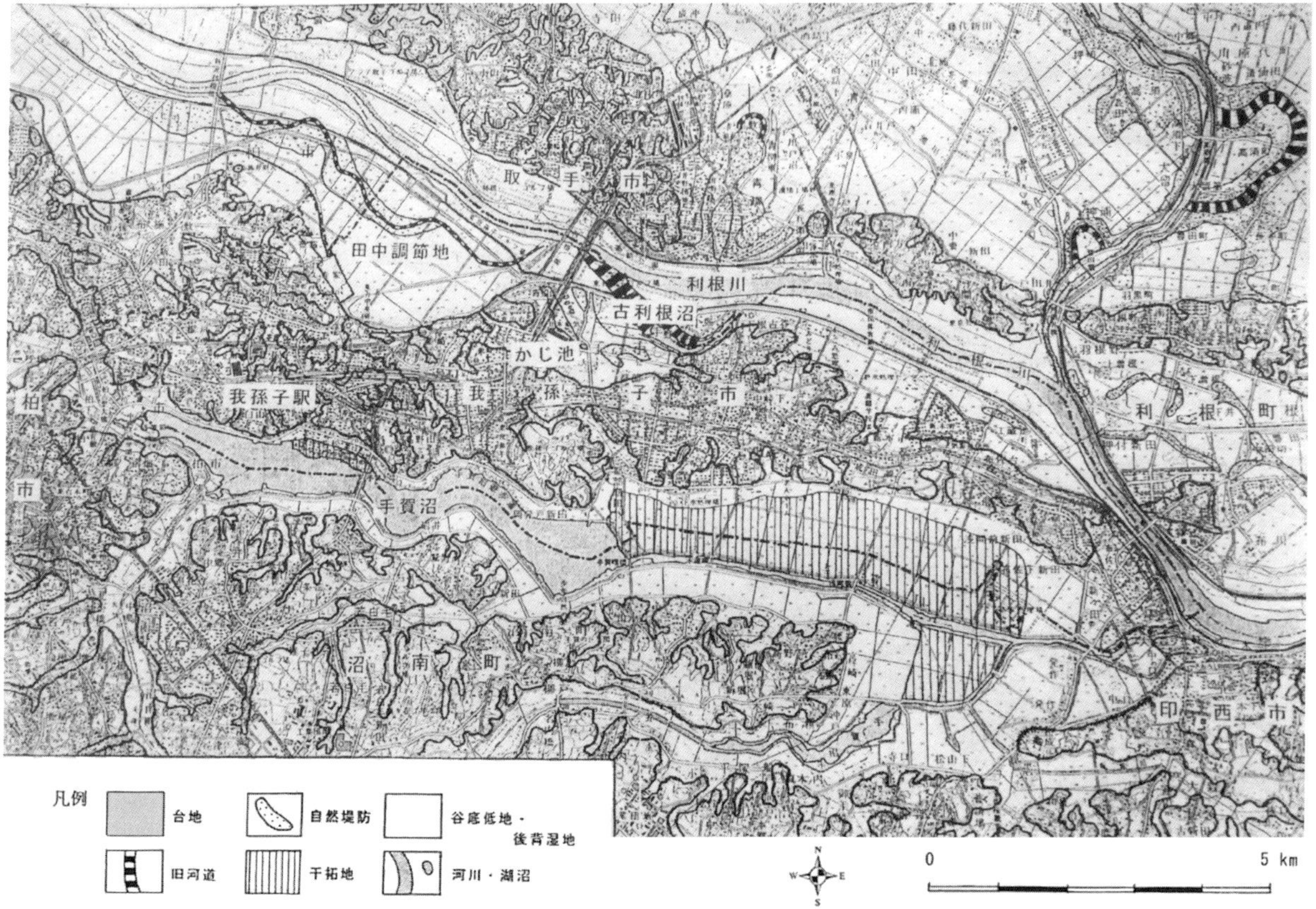

図0-2　別荘地分布図（出典）文化財報告第1集『別荘地「我孫子」と旧村川別荘』我孫子市教育委員会

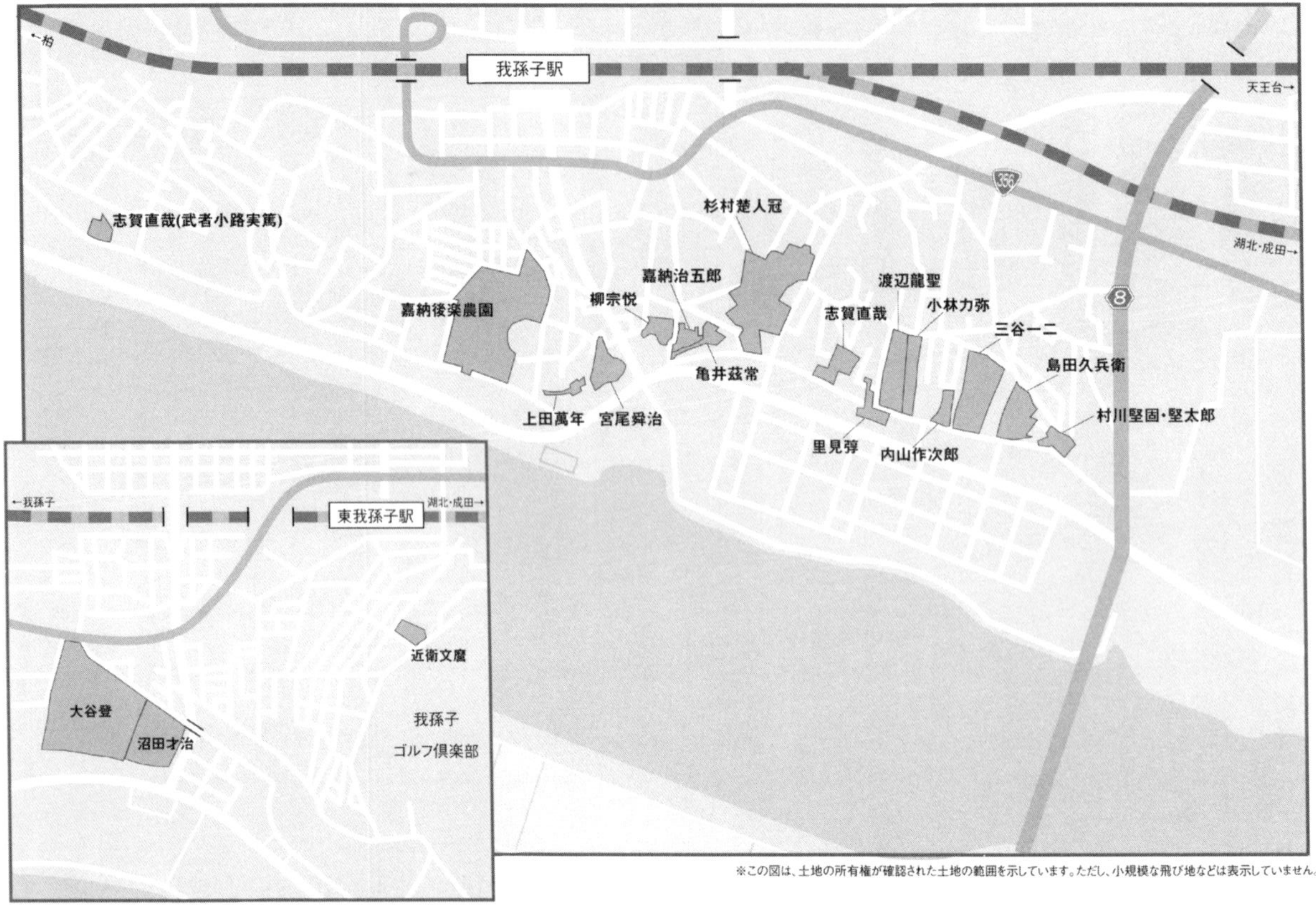

※この図は、土地の所有権が確認された土地の範囲を示しています。ただし、小規模な飛び地などは表示していません。

図0-3　白山1丁目〜緑1・2丁目の別荘跡地付近(我孫子町地図1955年)

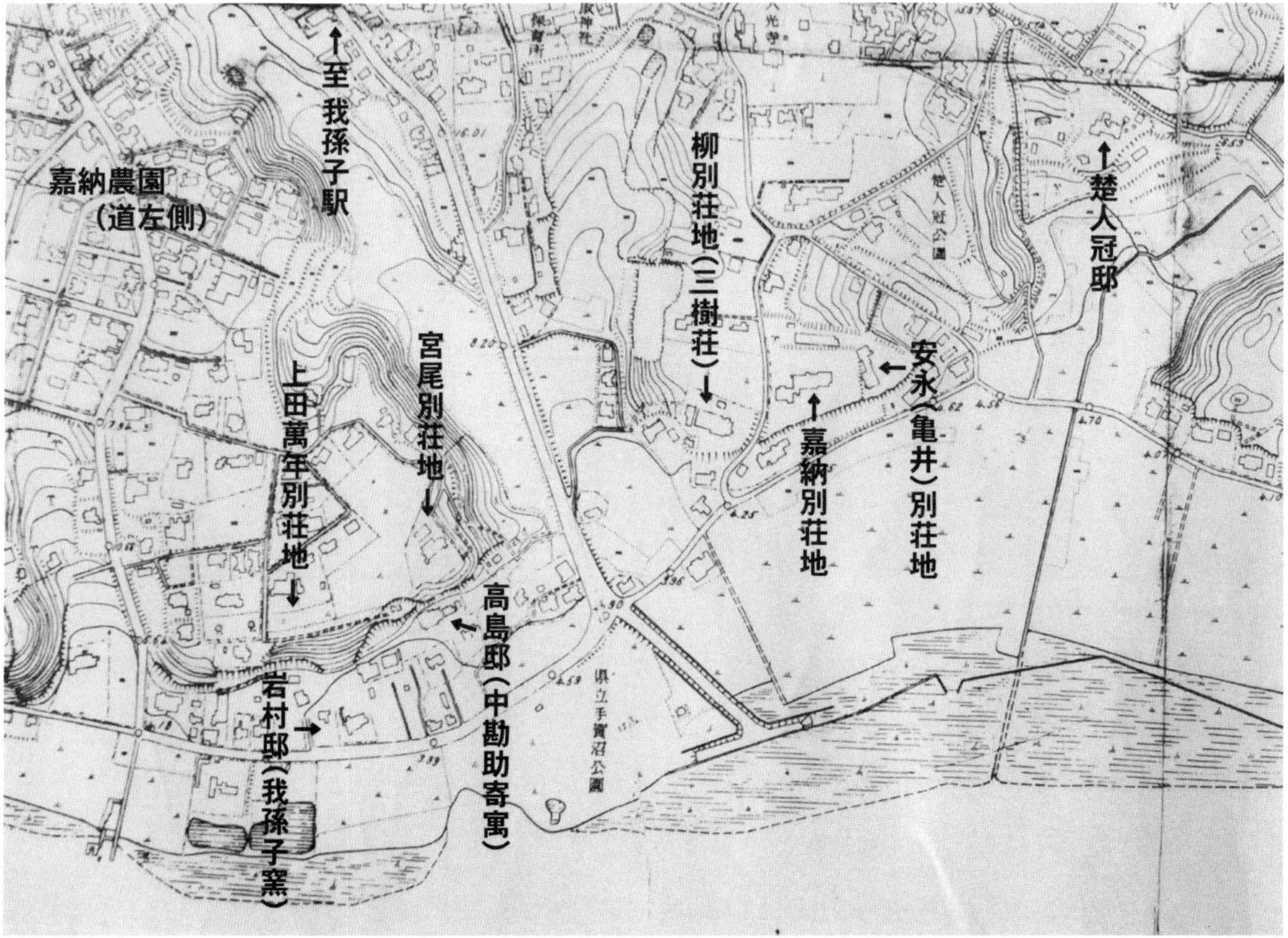

図0-4　雁明・子の神（緑2丁目・寿2丁目）（我孫子町地図 1955)

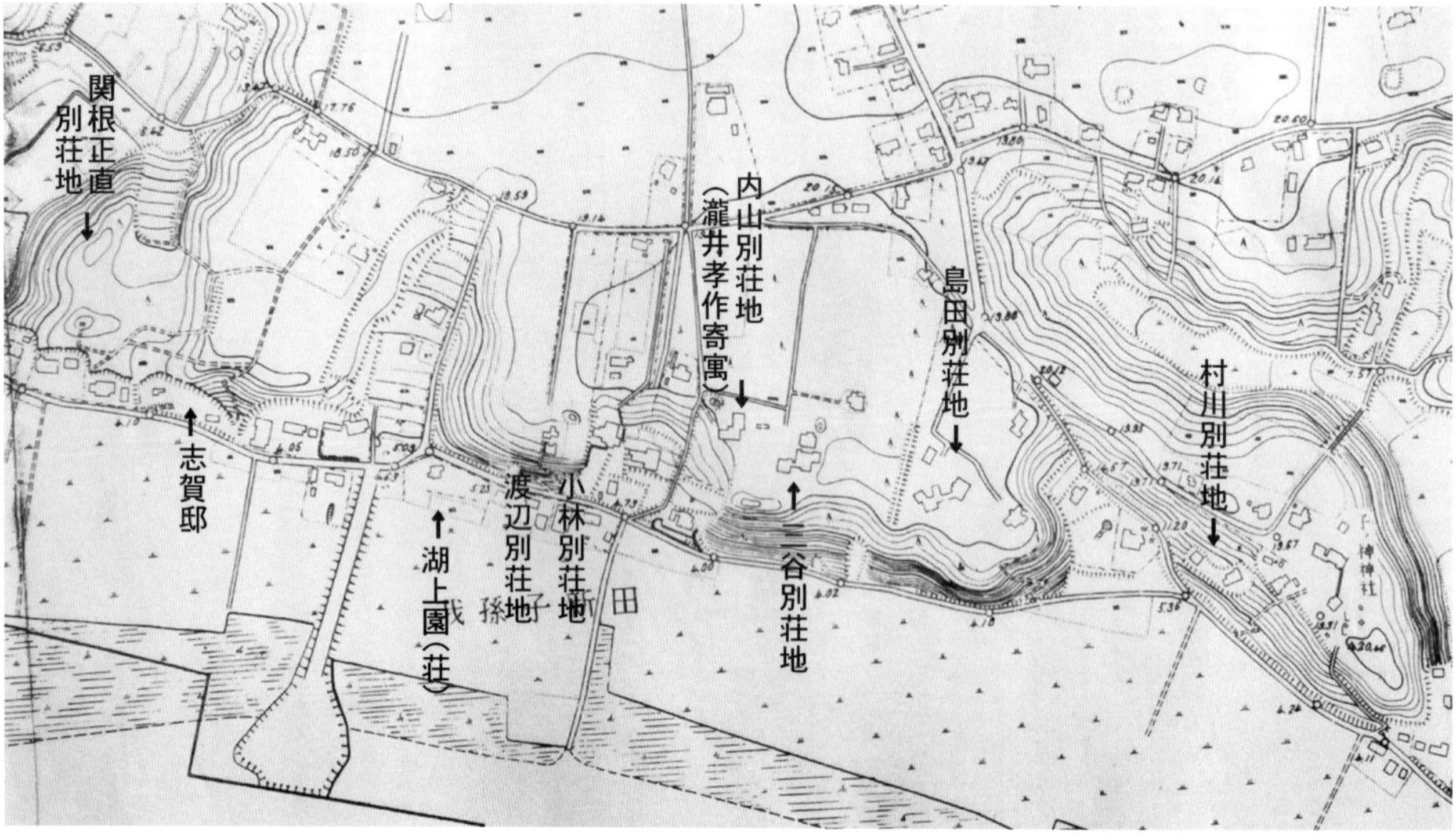

図0-5-1　高野山別荘地付近（我孫子町地図1955年）

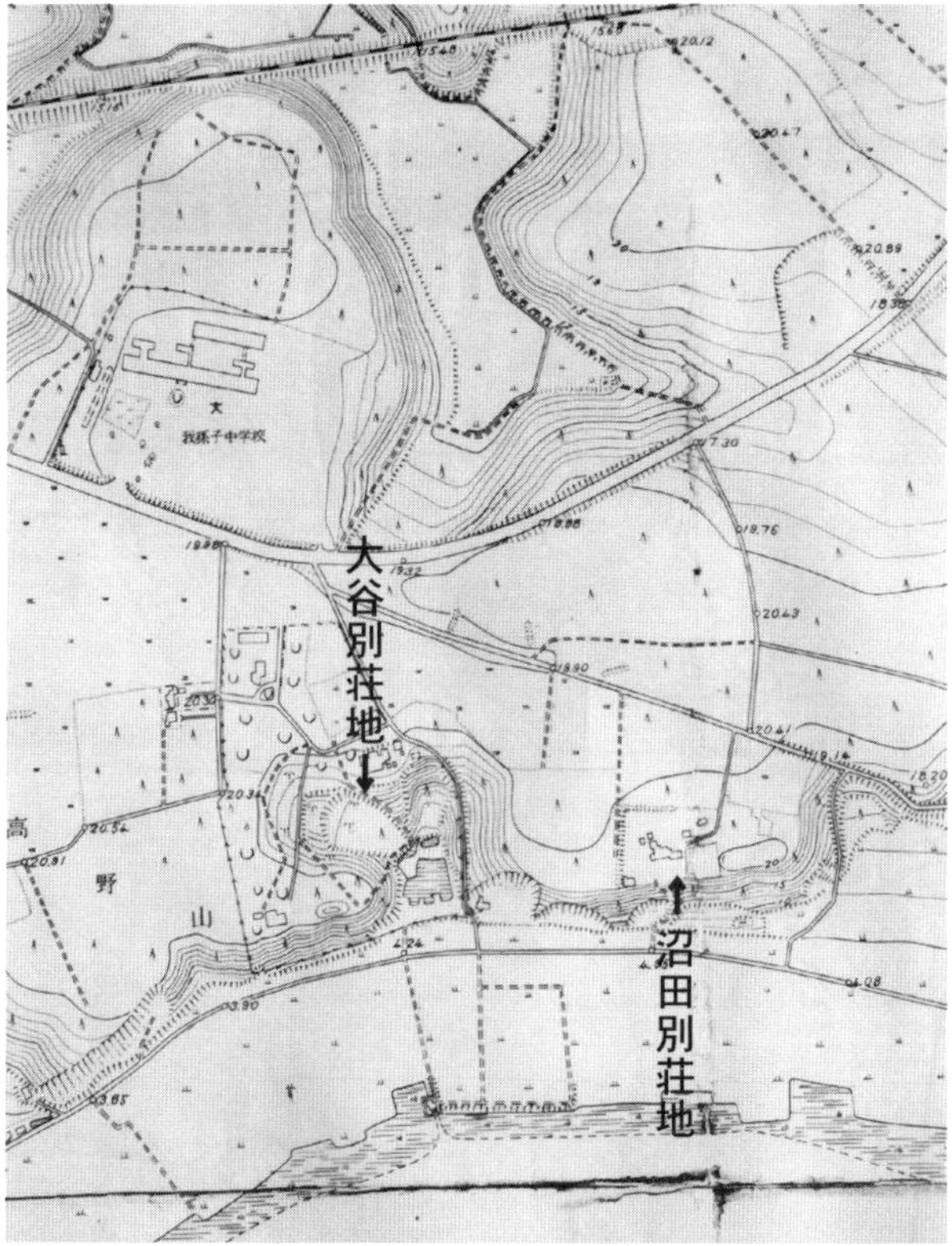

図0-5-2　我孫子ゴルフ場付近（我孫子町地図1955年）

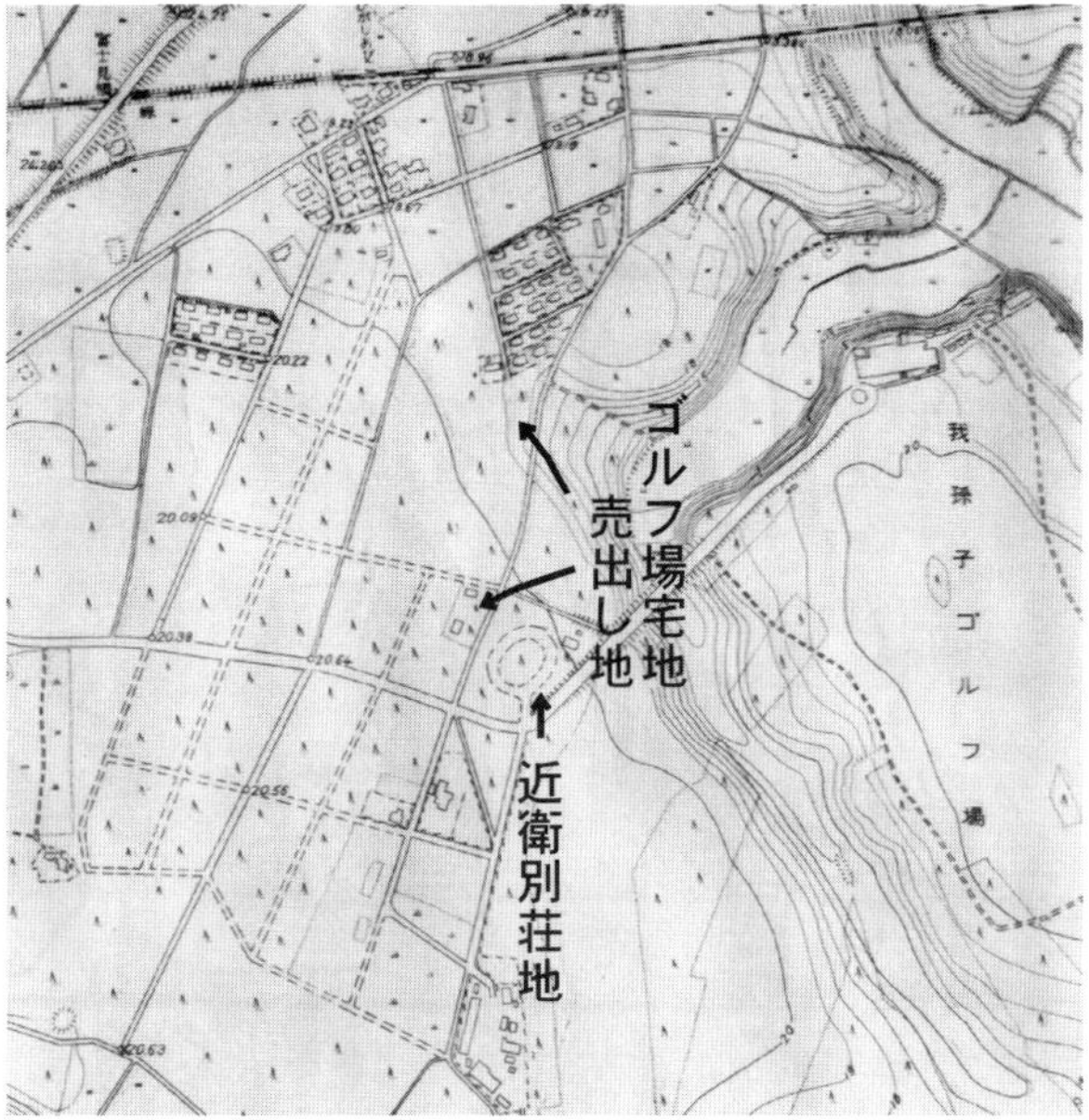

はじめに

本書は、一九一〇年前後（明治末期）に始まり、一九四五年前後（昭和前期）までつづいた我孫子の手賀沼畔に展開された別荘の歴史と、それが現代の住宅都市我孫子市にどのようにつながっていったのか、それを概観してみようと書かれたものである。

我孫子市は、北に利根川、南に手賀沼―二つの水面とそれに挟まれた東西に細長い標高二〇mほどの台地がつづく水辺の町である。その歴史は古く、約三万年前、後期旧石器時代の地層から炉跡などが発見されている（我孫子駅北口の後田南遺跡）。四世紀末～七世紀初頭には、手賀沼に面した台地の広範囲に大小の古墳が存在した。それらの古墳がとくに集中している市南西部の台地南面に、大きく時を隔てて、手賀沼・我孫子別荘地が築かれていくのである。

一方、手賀沼は、一、二万年前「縄文海進」により香取の海とよばれる太平洋が入り込んだ内海奥の内湾であった。香取の海へ鬼怒川水系の中小の河川が流れ込んだ。「海退」が始まっても「陸化」の進度は遅く、海の影響が長く続いた。一一～一二世紀ごろ手賀沼は、手下水海、手下浦と呼ばれ、舟が自由に出入りでき、舟運が栄えた。しかし、江戸時代になると、幕府は北関東や東北方面からの年貢米や鮮魚類その他の物資を江戸へ集めることを目的に、水系の異なる大河利根川の河口を江戸湾から太平洋銚子方面へとつけ替える利根川「東遷」の大工事が行われ、銚子―関宿（利根川・江戸川分岐点）―江戸のルートが出来上がっていった。新たな利根川の下流では陸化が進み、新田開発も進んだ。しかし、中流域の手賀沼は、利根川とほとんど水位が変わらなかったため、上流からの大洪水は手賀沼に逆流して沼周辺に大小の水害を頻発させた。そのため逆流防止の堤防や圦樋《いりひ》と呼ばれる水門が設けられ、外に開かれていた沼は独立した沼に変貌していった。さらに沼の干拓によって農耕地の拡大を図る動きも生まれ、沿岸の小規模な干拓は進んだが、大規模な干拓は失敗を繰り返した。

また、手賀沼には数多くの鴨や雁などが飛来し、淡水魚のコイやフナ、ウナギ、また水生植物も豊かであった。水辺の台地と台地の間には数多くの谷津が存在し、湧き水も豊富で、遠く富士や筑波の峰も望むことができた。このような豊かな自然と起伏に富む美しい景観は多くの人々を魅了し、鉄道の開通とともに東京近郊の別荘地としての歴史が始まっていく。

なお、別荘地の所有者・地番・地目・面積・登記年月日などは、法務局の「旧土地台帳」（以下、断りのない限りこれらの情報はこの資料による）によって確認できるが（図０―２別荘分布図や本文参照）、実際の建物や庭園、そこでの生活など具体的なことになると、写真や記録がない限り知ることが大変難しい。本別荘史のなかでは、村川堅固や杉村楚人冠、志賀直哉など当時の別荘・邸宅がすべてとはいえないが保存され、写真や資料も残されている。しかし、そのほかの別荘（地）は、建物はもちろん、手がかりとなる資料が極めて少なく、その実態を知ることの難しさを実感した。それでも当時の別荘地を何度か訪れ、また別荘地の所有者に関係する資料も出来るだけ集めて、何らかの手がかりを得ようと努めつつ筆を進めたのが本書の「なかみ」である。その資料の一つに、一九五五年（昭和三〇）我孫子町合併のとき作成された三〇〇〇分の一の地図があり、そこには建物の簡単な外形が描かれている。本格的な空襲を逃れ、しかも都市化の前に作られた地図である。各別荘地の位置にある建物が、別荘当時の建物かどうかの確定はできないが、少なくとも別荘地の戦後間もない建物の情報としては貴重なものである。そこで地域に分けて掲載してみた（図0―3～図0―5）。これら別荘地分布図や三〇〇〇分の一地図は、別荘史の基本情報として随時参照していただきたい。

凡例

一　本書で「我孫子」というのは、主として明治二二年の町村制による合併以前の我孫子村（我孫子宿）の範囲を指している。合併などによってその範囲を超えて使うときは説明を加えた。
二　引用文も含めて、原則として旧仮名、旧漢字は新仮名、常用漢字に改め、読みやすくなるように心掛けた。
三　年号は、陽暦を用い、随時和暦を（　）で示した。
四　引用文などに、差別的な表現や用語なども散見されるが、著者はそれを容認するものではなく、歴史的な資料として、差別の根絶へ生かしていくことを望んでいる

もくじ

第5章　別荘地から近郊住宅都市への模索

終章　戦後の手賀沼・我孫子の光と影―歴史から学ぶこと

第1章　鉄道開通と我孫子の街の変化

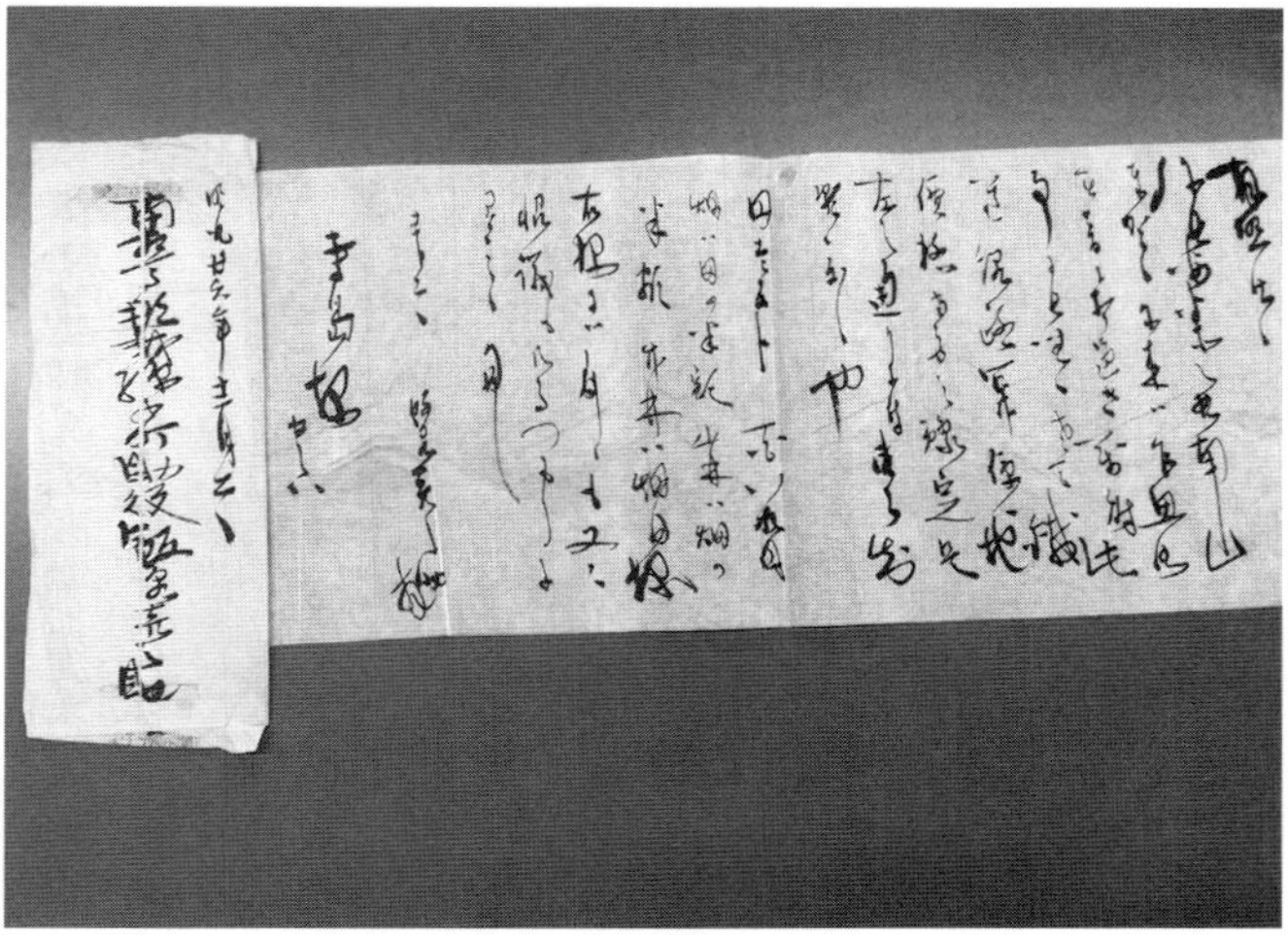

図1-1　飯泉喜之助書簡
1893年12月2日（柏市教育委員会所蔵）

我孫子に初めて鉄道が通ったのは、一八九六年（明治二九）一二月二五日である。現在の常磐線、当時の日本鉄道会社が経営する土浦線の開通であった。それから約一〇年、我孫子の手賀沼畔に別荘が生まれ、手賀沼・我孫子別荘史が始まる。

本章では、日本鉄道土浦線と我孫子駅の誘致に関する新しい史料を読み解き、その五年後に成田参詣の主要な鉄道として開通した成田鉄道我孫子線について述べて、この二つの鉄道の開通によってかつて水戸道中の宿場町として発達してきた我孫子の街がどのように変化していったかについても見ていきたい。

1　日本鉄道土浦線の開通と我孫子駅の開設

土浦線など三路線（日本鉄道海岸線）の計画

一八九三年（明治二六）七月、日本鉄道株式会社は、臨時株主総会で、現在のＪＲ常磐線の原型となる土浦線（田端―宍戸間）、磐城線（水戸―岩沼間）と隅田川線（田端―隅田川間）の三路線の建設計画を決定し、直ちに許認可権を持つ逓信省に仮申請した。日本鉄道は、一八八一年岩倉具視ら華族などの出資により設立された民間最大の鉄道会社で、それまでに上野―前橋間（一八八四年、ＪＲ高崎線）、上野―青森間の日本鉄道本線（一八九一年、ＪＲ東北本線）などが開通していた。

仮申請の計画では、土浦線の経路は、上野から日本鉄道本線を利用して埼玉県川口付近まで行き、そこから分岐して新線を建設、鳩ケ谷の南部、草加の北部を経て旧利根川を渡り、八条（八潮市）を経て、中川、江戸川を渡って流山の南を通り、柏の呼塚に出て我孫子へという経路を取った。我孫子からは利根川を渡り取手、土浦を経て宍戸（開通時に宍戸駅の隣の友部駅）で買収済みの水戸線に接続して水戸へという現在とほぼ同じ経路であった。ほかにも仮申請前には、我孫子を通らず呼塚から布施の七里ケ渡し付近で利根川を渡り、現在のつくば市南部を経て土浦へという案なども検討された。それは最大の難関、利根川架橋の位置が簡単には決まらなかったことを示している。

翌九四年二月仮申請案は認可されたが、同時に逓信省から別案として、上野―田端間の本線利用は同じだが、田端から新設される隅田川線を利用して終点一駅手前の南千住を経由し、旧水戸道に沿って松戸、柏、我孫子を通って取手へという現在の常磐線とほぼ同じルート案が提示された。日本鉄道は、直ちにこの逓信省案に変更して本申請を行い、同年一一月に認可された。開通後の一九〇五年四月日暮里、三河島の二駅が新設され、田端経由ではなく現在の経路に変更された。(1)

日本鉄道が逓信省案を直ちに採用したのはなぜか。当時進行中だった産業革命にとって欠かすことのできない石炭の本州最大の産出地、茨城・福島両県にまたがる常磐炭田から京浜方面への輸送こそこの鉄道新設の最大の目的だったからである。そう考えると田端―川口―流山ルートより田端―南千住―松戸ルートの方が至近であるとの判断が働き、直ちにルート変更に踏み切ったのであった。また隅田川線も京浜方面への貨物輸送を東京の市中を通らずに隅田川経由の水上ルートで行うことが目的であったのである。ここで詳しい説明は控えるが、当初計画の経由地流山などで強力な反対があってルート変更がなされたとする「流山鉄道忌避説」が近年まで多くの人によって唱えられてきたが、現在ではそれを示す計画当時の史料がないことなど、事実とは言い難いというのが定説となっている。(2)

鉄道と我孫子駅の誘致―新資料を読み解く

土浦線の誘致や我孫子駅設置に果たした飯泉喜雄（一八六八～一九〇五）の町長就任以前からの功績については、『我孫子市史研究』第一〇号の逆井萬吉氏の「我孫子駅開業と飯泉喜雄」によって明らかにされ、飯泉喜雄顕彰碑が我孫子駅南口の駅前に建てられている。逆井氏の著作は、鉄道建設当時の地元の史料がほとんど発見されていないなかで、関係者からの聞き取りを重ね、当時の関係碑文も利用するなどして書かれた貴重な労作である。

筆者は近年、柏市教育委員会所蔵の資料、土浦線建設当時の柏に関する史料のなかに我孫子に関する記事も含まれていることが分かった。一つは、鉄道計画の仮申請からわずか約四か月後の一八九三年（明治二六）一二月二日付、我孫子町助役飯泉喜之助から千代田村（柏市）村長寺島雄太郎にあてた書簡である（図1―1）。「喜之助」は喜雄の前名であるという（逆井氏）。飯泉は第四代町長に就任する九五年七月以前に助役時代があり、助役時代から鉄道誘致にかかわっていたことが分かり、またその内容が興味深い。それは、鉄道線路などの用地売却の希望価格について述べたもので、田は一反八十円、畑は田の半額、竹林は畑同額、山林は畑半額などと具体的な数字を示し、その上で金額の協議には応ずるなどと記したものであったからである。

ただ、この書簡だけでは、このような早い時期に我孫子町の助役が用地の希望価格というようなことを千代田村長に伝えた理由が分からない。しかし、それを推測できるもう一通の書簡がある。差出の年は書かれていないが八月一二日付の小野義真日本鉄道社長から、流山の秋元（味醂醸造の秋元三左衛門か）の紹介で出された寺島雄太郎宛の書簡で、寺島村長に用地買収その他の取りまとめを依頼したものである。この二つの書簡を合わせて読むと、小野の書簡の年は、飯泉の書簡と同じ九三年で、仮申請直後の八月一二日に出された可能性が大きい。すなわち日本鉄道は、仮申請直後から関係地域の用地買収などの働きかけに動き出し、柏周辺の取りまとめを寺島に依頼し、それを受けて寺島が我孫子地域の取りまとめを飯泉に依頼、その返事が飯泉書簡だったのではないか。それは以下の史料からもうかがえる。

いま述べたように、会社側は仮申請の認可前から地元への働きかけを始めているが、九四年（明治二七）一一月の本申請の認可によって、用地買収など鉄道建設への動きが本格的に始まる。日本鉄道は、千葉県の事務所を東京に近い松戸に置き、割烹旅館富吉に現地責任者桜井純一など担当者を常駐させて地元との交渉にあたり、寺島とは直接あるいは手紙で連絡を取り合っていったことが、残されている桜井の書簡から分かる。認可直後の同年一二月一〇日付の書簡には、同月一三日に地権者など関係者一同への説明会を開催したいとあり、そこには遠路からの参加者に配慮した内容が記されていることから、柏地域だけでなく我孫子地域も含む説明会だったとも考えられる。

翌九五年一月から本格的に鉄道用地の買収が進められた。豊四季村を含む柏地域は、寺島村長を中心に進められたことは、この年の寺島村長の「日誌」に詳しい。しかもこの「日誌」の六月一八日から二三日の項には、我孫子の用地買収や我孫子駅設置についても記されている。このころ我孫子の用地買収は終盤にかかり、買収がまだ決まっていない用地について、後述の布施の小柳七郎が間に入って地元と会社側の調整が進められたことが記されている。小柳から飯泉喜雄に会社の条件が示され、それについて地元の有志会議を経て地主と会社側との協議が行われることになるが、飯泉個人はその条件に「大賛成」の態度を示したことも書かれている。

とくに二二、二三日の項には、「我孫子停車場設置」の件について、会社の責任者桜井と寺島と小柳の三人が我孫子の松島屋（後述）に集まり我孫子停車場設置について相談、その晩遅く飯泉喜雄を呼んで相談の内容を伝え、駅の地所買い上げが会社にも利益が得られるよう尽力してほしいと要請し、飯泉もそれに同意したことが記されている。翌二三日桜井は寺島を訪ねて、我孫子の話はよかった、あとは小柳にすべてを頼んでおいたとして、自分は今月二七、八日ごろ直接我孫子に行く予定であると述べたという。

図1-2　我孫子駅構内1905年頃
（『日本国有鉄道百年写真史』）

小柳七郎は、布施（富勢村）の医師で、柏駅とその周辺に多くの土地をもち、駅の用地を提供するなど柏の発展に貢献した人物して知られている。その小柳や寺島が、飯泉と連絡を取りつつ、会社と我孫子の間に入って我孫子駅の誘致にも尽力していたことが書かれている。その結果、地元と会社の条件が合致し、月末には会社側から直接地元に我孫子駅設置が伝えられたと思われる。もちろんこれらの史料は柏側からのもので、逆井氏の聞き取りなどから当然その前後には飯泉を中心に我孫子側にも主体的な取り組みがあったことは間違いないが。地元の具体的史料の発見が待たれる。いずれにせよ、九五年六月末までには我孫子駅設置が決まったと思われる。

これらのことは、柏法務局に残されている「旧土地台帳」からもうかがえる。現在の駅舎の地番は字西原四二九番と四三〇番にまたがっている。我孫子駅の位置は、設置当時と現在とそう大きくは変わっていないと思われる。飯泉善雄の所有地四二九―二、三、四の三筆合計畑一反四畝二一歩と渡辺儀三郎の所有地四三〇―二、三の二筆畑二畝二五歩は、九五年一〇月と九六年六月の二度に分けて日本鉄道に所有権が移っている。合計一反七畝一六歩＝五二六坪である。しかし駅の敷地全体はこれよりも広いので、隣接する地番を含めて四二三、四二五～四三二を見ると、飯泉喜雄、渡辺儀三郎、飯泉喜兵衛の土地が日本鉄道に渡っていたことが分かる。駅周辺の土地のほとんどは畑地であった。同じ時期に線路など鉄道用地の買収が行われたが、広範囲なため全体の把握はできていない。

難工事利根川鉄橋

土浦線は前述のように、田端から土浦を経由して水戸線（小山・水戸間）友部に至る六〇余哩《マイル》（一哩＝約一・六km）であるが、その建設工事は、一八九四年（明治二七）一一月中旬土浦・宍戸間から始まり、開業直前の九六年一二月全線竣工した。工事は、東京寄りの区間、取手前後の中間区間、土浦以北の三区間に分けて進められた。主要工事は隅田川、中川、江戸川、利根川の四大橋梁の建設、なかでも最長の利根川橋梁は最難関工事で、橋梁は九〇〇mに及び、日本鉄道本線の利根川橋梁（栗橋鉄橋）の二倍半、橋脚も二〇mから三五mも打ち込まなければならなかった。また全線関東平野を通っているので平坦な地勢だったが、何か所も地盤軟弱な箇所があり補強工事が必要であった。手賀沼沿岸でも呼塚付近が最も低く、七・五mの土手を築かなければならなかった。(3) 現在柏方面から北柏駅手前、手賀沼の見える区間が高架になっているが、あの辺りだろうか。

土浦線の開通

一八九六年（明治二九）一二月二五日、土浦線は開通した。開業式当日の様子を最も詳しく報道した一二月二七日付の『時事新報』によれば。二五日は、「天清く風無くして開通式には誂向《あつらえ》きの好日和」で、取手駅での開通式には来賓も予想を超える多くの出席者で賑わった。沿線各駅ではアーチを建て国旗を飾り、列車到着時には花火が打ち上げられるなどさまざまな催しが行われ、駅や沿道には見物の群衆がつめかけ、乗客数も予想以上だったと報じられた。ここには我孫子駅の名はないが、同日の『国民新聞』には、「取手はもとより我孫子、牛久、荒川沖の各駅では、角力、馬鹿囃子を催した。見世物、掛茶屋などもあって、村々の老人や娘は普段着を着替えて出かけるなど、あたかも祭礼のようだった」などと記している。

『時事新報』には、当日記者が上野駅から実際に列車に同乗して体験した車窓からの風景や乗り心地、田端駅でのスイッチバックの様子、歓迎風景などが次のように記されている。

> 上野発列車、田端停車場に着すれば、汽《〔ママ〕》関車は直に右側の線路を退却して列車の後端に就《つ》き、前後方向を異にし、新線路の入口に設けたる緑門を潜《くぐ》りて進行を始め、上野の五重塔を樹林の間に望み、浅草凌雲閣を碧空に眺めつつ、程なく南千住停車場に着すれば茲《ここ》にも緑門を経て国旗を飾り、数条の球灯を吊し、列車の着するや煙花を打揚げて祝意を表せり、隅田川の鉄橋を渡り北千住を経て松戸に至る間は、汽車左右に動揺するを覚えしが、追々進行するに従て動揺も止み、中川、江戸川の二鉄橋柏、我孫子の二停車場を超え、更に利根川の長橋を渡りて取手に着す、此間一時三十八分時間を要する筈なれども、田端にて汽関車の継換えに手間取りしためか十数分を遅れたり。

2　成田鉄道の開通(4)

鉄道の発達と社寺参詣の変化

土浦線開通から五年、二〇世紀最初の年一九〇一年（明治三四）四月一日成田鉄道の我孫子―成田間が開通、二〇二一年には開通一二〇年を迎えた。この鉄道建設最大の目的は、いまではあまりピンとこないかもしれないが、関東・東北方面をはじめ全国各地からの成田山参詣客の最も主要な輸送路として建設されたのである。

立教大学の平山昇氏によれば、明治以降の大都市近郊に伸びる鉄道網の発達は、花見など行楽地への遊覧とともに初詣を中心とする社寺参詣のあり方をも大きく変えたという。江戸の町民にとって日常生活での参詣は徒歩で行ける範囲にかぎられていたが、鉄道の発達とともに気軽に日帰りないしは一泊で郊外の社寺参詣が可能になり、通勤通学がまだ一般化しないときには少し値が張ってもたまに汽車や電車に乗ること自体がハレの楽しみ、気分転換にもなったのだという。成田不動尊や川崎大師などまさに大都市近郊の絶好の参詣地となっていったのである(5)。

総武鉄道と成田鉄道

成田へ通ずる鉄道は、一八八七年（明治二〇）以降いくつもの試みがなされた。最初は、佐原の伊能権之助などの発起した武総鉄道で、東京本所駅（錦糸町駅）を起点に千葉―佐倉経由で成田を結び、さらに佐原―銚子へと延びる計画であった。しかし、県当局が利根川水運との競合などの理由で反対、実現しなかった。つぎに、総武鉄道の利根川水運に関係しない房総半島内陸部開発名目での計画。本所―佐倉から成東方面へのルートを出願、八九年一二月認可された。しかし資金難などで着工が遅れ、九四年七月に本所―佐倉が開通した（九七年、佐倉―成東―銚子まで開通＝JR総武本線）。佐倉から成田まで乗合馬車で乗り継ぐというもので、東京―成田間は三時間余り要した。

これに対して、一八九三年七月、成田山貫主三池照鳳らは、佐倉―成田―佐原の「下総鉄道会社創立願書」を提出、その主な目的は成田山参詣客の輸送であった。発起人総代に三池のほか初代千葉県令柴原和、大倉組創立者大倉喜八郎や成田、佐原の有力者が名を連ねた。総武鉄道などと激しい競争の結果、翌年一一月認可され、その後成田鉄道会社と改称された。

一八九七年一月、成田鉄道佐倉―成田間が開通、これによって参詣者の大幅増加が見込まれた。はじめ総武鉄道も本所から成田までの直通運転を実施するなど友好的関係を保ったが、それも四カ月足らずで、総武鉄道が前述のように佐倉―成東方面が開通すると、そちらを優先したため、成田方面は直通ではなく佐倉乗り換えとなった。

我孫子線の開通

成田鉄道による成田―我孫子の鉄道計画は、こうした総武鉄道への対抗措置であったともいえる。しかし、別に関東鉄道会社の成田―我孫子―野田―岩槻―大宮を経て川越という計画、総州鉄道会社の成田―我孫子の計画があったため、成田鉄道会社は、両社と協議し、成田鉄道の延長線とすることで協定を成立させ、一八九七年一二月五日成田―川越六七哩（一〇七・八㎞）を本申請して、翌年九月一九日認可された。しかし、成田―我孫子の建設に予想外の資金を要したため、成田―我孫子に短縮することに変更された。当初の成田―川越案は埼玉県方面からの参詣客を成田に直送するという目的があったのである。

我孫子線の工事は、一九〇〇年（明治三三）一月に始まり、成田―安食は翌〇一年二月二日に、さらに同年四月一日には我孫子まで全通したのである。その結果、我孫子―成田―佐原のルートを成田鉄道の本線とし、総武鉄道経由の佐倉―成田は支線とされた。

成田・総武両鉄道の参詣客争奪戦

我孫子線開通の翌日、四月二日『東京朝日』は、「同線の主なる目的は、埼玉・茨城方面からの成田参詣客の便利を図ることにあり、同線の開通によって東北地方からの参詣客が東京を経由せず直接成田に行くことができるだけでなく、従来総武鉄道で来ていた東京市内の信徒も本所経由の方が便利な人以外は、上野から乗車する（我孫子経由）方が便利である。それは、成田までの時間や運賃を比較して大差がないので今後参詣客の大半が我孫子線に吸収されるに違いない」と記し、「昨日一日の我孫子発の各列車の乗客は少ない時でも一千人以上、成田発も約八百人の乗客があった」。これに対して、総武鉄道経由の参拝客の「急激な減少は実に驚く程で、車中は甚だ寂寥を極めた」などと報じた。

東京から成田までの距離や運賃は、総武鉄道佐倉経由でも日本鉄道我孫子経由でもほとんど変わりがなかった、しかし成田鉄道会社にとって、総武鉄道経由では佐倉―成田間片道八哩（約一二・九㎞）だけであったが、我孫子―成田では二〇哩（三二・二㎞）、距離にして三倍近い運賃収入になり、ま

図1-3　成田鉄道喫茶室（『風俗画報』247号 1903年）

た日本鉄道にとっても本所経由より我孫子経由の方がはるかに運賃収入も多く、両鉄道会社が我孫子線に力を入れるのは当然であった。

翌〇二年は成田不動尊大開帳（四月九日～五月二八日）の年、それを前に日本鉄道と成田鉄道は三月一日から上野―成田間の直通列車を走らせる協定を結んだ。大開帳期間中、総武・成田両鉄道の運賃割引競争など参詣客獲得競争はさらに激しさを増した。総武鉄道は団体割引率を人数に応じて最大五割引とし、臨時列車を二往復走らせるなどした。これに対して成田鉄道は、割引を上野―我孫子線に限り、また総武鉄道の臨時列車佐倉到着時刻に対応する成田行列車の増便を見送るとした、総武鉄道乗客は佐倉駅で長時間の待ち合わせを余儀なくされた。このとき成田鉄道は、上野からの直通列車に限り喫茶室を設け、ビールなどのアルコール飲料はじめコーヒー、紅茶、果物、菓子などの販売をおこなった（図1―3）。食堂や喫茶店を備えた列車の最も早い時期の試みで、短距離の鉄道ではとくに珍しかったのではないだろうか。以上のように、この時期の成田鉄道我孫子線が成田山参詣客の最も主要な輸送ルートであったことが分かる。

しかし、一九〇六年（明治三九）三月鉄道国有法が公布され、同年一一月日本鉄道、翌〇七年九月総武鉄道が国有化され、少し遅れて一九二〇年（大正九）九月成田鉄道も国有化された。その結果競合三社は同一の組織下に置かれた。このため競争関係はなくなり、我孫子線の優位は次第に崩れていき、さらに一九二六年（大正一五・昭和元）一二月以降は、国鉄と新設された京成電鉄との激しい競争は京成の勝利に終わり、我孫子線も成田参詣の最も主要ルートから外れて行ったのである。

3　旧我孫子宿の変貌

水戸道中我孫子宿

鉄道の開通と我孫子駅開設によって、かつての水戸道中の宿場町我孫子宿にも変化が生まれる。その前に、少し鉄道開通以前の我孫子宿について見ておきたい。水戸道中は、江戸から御三家水戸徳川家の城下水戸まで二九里（約一一四㎞）余、その間に千住宿から長岡宿まで一九宿が置かれ、五街道に準ずる主要な脇街道であった。我孫子宿は、江戸から約九里（三五㎞余）、千住―新宿―松戸―小金―我孫子とつづく五番目の宿場町で、当時の柏はその経由地に過ぎなかった。また江戸初期までは我孫子―取手ではなく、我孫子宿から布佐、布川を経由して若柴宿へ、かつての佐竹街道のルートをとっていたが、天和三年（一六八三）我孫子宿の東端（我孫子第一小学校入口の信号）を左折して柴崎―青山―利根川を渡り―取手宿―藤代宿―若柴宿というルートに変更された。それはこの時期、湿地帯で通行不能であった取手・藤代間の新田開発が進み、また取手の宿場としての機能整備が進んだことから、水戸藩にとって交通に便利なルートへの付替えが行われたという（『取手市史』別巻Ⅱ）。

宿場には、幕府の公用旅行者や大名・公家らの宿泊施設の本陣とそれらの人たちの荷物をつぎの宿場まで運搬する人足と馬（助郷役を含む）の用意などの業務を行う問屋場が置かれた。我孫子宿の本陣は名主小熊郷右衛門宅に、問屋場は本陣の隣、現在の寿防犯ステーションの辺りに置かれたという。我孫子宿（我孫子村）は、幕府直轄領（代官）と旗本領（大沢氏と山高氏）の三給地で、それぞれに名主など村方三役が置かれ、問屋場の運営（問屋）には小熊郷右衛門、現在も茅葺き屋根の残る家小熊甚左衛門など四人の名主が交代で当たった。また一般旅行者は旅籠で休憩・宿泊した。旅籠の詳しい資料はないが、幕末の史料には、松島屋、橘屋、角屋、扇屋などの名が見える(6)。

我孫子宿の街並みの様子は、土浦藩九万五千石の藩主土屋篤直が自ら帰城の折に画いたという色彩豊かな『道中絵図』（宝暦八年＝一七五八）に描かれている。この絵図を分析した長谷川一氏は、「宿の街並みは、大光寺門前の屈曲点から西及び北に延びる様を捉えているが、家数は街道に面したものだけで七〇戸ほど、裏手のものを合せると約一五〇戸が数えられる。これは住居表示制により変更されるまでの大字我孫子宿の地域（西は興陽寺のあたりから、北は下の坂まで）と一致するものであろう」と記している(7)。確かに家並みはぎっしりと軒を連ね、街道の両側とその裏手に描かれている。ただ、それより八〇年以上後の天保一四年（一八四三）の「我孫子村外二十三ヵ村組合村高家数取調書上帳下書」（根戸・川村一夫家文書）の、我孫子宿の家数合計一一四軒と比べると少し多過ぎるようにも思えるが、江戸中期の我孫子宿の街並みを知る大変貴重な資料であることには変わりはない。

ところで、『我孫子市史』近世篇（通史編）には、柴崎村、根戸村の農間余業の詳しい分析がなされているが、我孫子宿はどうだったか、知りたいと思ったが、「天保一四年組合村々の店数一覧表」に「阿ら物・居酒屋・髪結・食物其外種々商い店数五八軒（五〇・九％）」とあるだけで、詳細な実態が分からない。多分我孫子宿には詳しい史料が残されていないのだろうが、残念だった。それでも宿の家数全体の半数以上が農間余業に携わっているという数字だけでも興味深い。ほかにも旅籠、質屋、造酒屋、居酒屋など個別に記したものはあるので、それらと、『我孫子市史研究』第四号の安斎秀夫氏の労作「我孫子宿の町並みと生活―明治初年の概況を中心に」などを合せて見てみると、幕末から明治初期、あるいは鉄道開通以前の町並みもより具体的に再現出来るのではないかと思う。

明治天皇の女化原行幸

水戸道中は、維新後の一八七二年（明治五）、水戸より先の岩城街道と併せて仙台に通じる陸前浜街道と称され、一九一九年（大正八）の旧道路法で国道六号となった。さらに戦中から戦後にかけて道幅の拡張や直線化がはかられ、我孫子の区域も市街地の曲折したルートを避けて郊外の直線ルートに変更されたため、市街地の旧水戸道中と分岐して成田道と称された道路は、我孫子―佐原（香取市）―銚子を結ぶ国道三五六号となり、旧成田道は三五六号の安食（栄町）までは同じだが、そこからは分岐して成田まで県道成田―安食線となった（以下、旧水戸道中は「旧水戸街道」、旧成田道は「旧成田街道」と表記する）。

鉄道開通前、旧水戸街道を利用した一大イベントは、近衛兵大砲射的演習視察のための明治天皇女化原《おなばけはら》行幸であった。(8) 一八八四年（明治一七）一二月六日午前八時三五分、明治天皇と供奉人たちは馬車などで赤坂仮皇居を出発、近衛兵大砲演習視察のため茨城県牛久郊外女化原へ向かった。供奉人は親王以下一四一名、馬丁・車夫・夫卒など従者一四五名を加えた合計は二八六名にのぼった。九時四〇分小休所千住郡役所到着、一〇時五分千住出発、ここからは馬車を降り騎乗して天皇の馬車に従った。十時五三分新宿町安藤徳七方で休憩して一一時一五分出発、天皇は御召船に剣璽を同乗させ、侍従長らとともに江戸川を渡り、先着の予備馬車に乗り、騎兵半ケ小隊を従え一二時二分松戸御昼所羽生唯八宅で昼食をとった。松戸に入ると船越千葉県令、木間瀬警部長が随従、また徳川昭武（徳川慶喜の弟で水戸徳川家を相続、この年隠居して松戸戸定邸に移る）の拝謁を受けた。午後一時七分松戸を出発、一時四八分小金の梅沢治右衛門宅で小休、二時一〇分出発、二時五五分柏村寺島雄太郎宅で小休、三時五〇分我孫子行在所村越半次郎宅に到着、宿泊された。この日の行程は、赤坂仮皇居から我孫子宿まで、途中の昼食、休憩などを含めて七時間一五分を要した。

翌七日は、午前八時三〇分我孫子宿を出発、利根川を渡り、対岸の取手宿で小休、一一時五五分行在所牛久村飯島治左衛門宅に到着、宿泊。八日は、腸疾に罹られたため視察時間を変更して、午後零時三〇分女化原に出発、馬車の中から演習を視察、午後四時三〇分行在所に戻り、夜間演習視察も代理の者が行った。九日は、午前六時牛久行在所出発、我孫子村越宅で早い昼食を取り、小休を挟みながら午後五時三〇分仮皇居に戻られた。帰途は、牛久行在所から赤坂仮皇居まで一一時間三〇分の強行軍であった。

女化原行幸に関して我孫子宿の取り組みについて、小熊勝夫家所蔵の南相馬郡我孫子駅外六ケ村戸長役場の『日誌』（自明治十七年八月廿五日／至明治十八年）によって見ておきたい（関係個所抜粋）。

（明治十七年）十一月廿四日　午後三時大井郡書記為着茨城県女化原行幸ノ儀ヲ報道シ直チニ戸長同行旅舎を検シ青山村渡場ニ至リ仮橋修繕ヲ目論「見」脱カ　ス

十一月廿六日　青山村渡場目論見帳ヲ差出工事着手ス

十一月廿七日　本県増子庶務課長及大井郡書記為来ル

十一月三十日　行在所村越半次郎方御厠御湯室工事及仮厩工事着手ス

十二月一日　組長其他ノ普請所交持ヲ定ム

十二月二日　普請場見廻リ屏風等借用ノ手続ヲナス

十二月三日　近隣数十ケ村ノ職ヲ召喚シテ工事ヲ速成ス

十二月五日　諸方工事概略落成ス

十二月六日　午後五時三十分〔三時五十分〕聖上行在所着御小松宮北白川宮小熊甚左衛門宅へ泊ス伏見宮飯泉政次郎宅山田参議渡邊藤吉宅伊藤侍医関口藤右衛門宅船越県令木間瀬警部長八渡邊寿吉宅ニ泊ス

十二月七日　午前第七時三十分〔八時三十分〕御出立遊サレタリ鷲野谷村染谷大太郎当宿地内ニ於テ烟花ヲ天覧ニ供タリ

十二月八日　女化練兵所ヲ　天覧

十二月九日　午前第九時　行在所　着御暫時御出立遊サレタリ

十二月十日　県官郡長等□聴サレタリ

（昭和四年十二月十八日複寫）

図1–4　我孫子行在所（『明治天皇御遺跡』千葉県教育会蔵版）

十二月廿三日　行幸ニ係ル諸費用決算ス

（本文脇の「　」内は『明治天皇紀』による）

一一月二四日の戸長役場へ通知があってから一二月六日の行幸までわずか一二日間、利根川の渡し場の修繕、行在所の便所・風呂場・厩の工事、供奉人宿泊の手配等々、少ない日数でいかに滞りなく準備したかがよく分かる。また屏風や掛け軸などは田中村（柏市）吉田甚左衛門家から借用した。

ところで、行在所となった村越半次郎宅についてであるが、『明治天皇御遺跡』[8]に、「行幸当時の我孫子行在所」の写真が掲載されている（図1―4）。その説明に「明治十七年行幸当時の我孫子行在所村越半次郎（旅宿業松島屋）宅の全景にして、玉座は正門左方に位置する。現今の角松旅館はこの家屋が改築されたものという」とある。

行在所とされる松島屋の地番は宿二七五六と思われ、「旧土地台帳」によれば一八八九年（明治二二）

八月六日旅宿角屋の加藤粂助の所有となり、一九〇一年一二月九日布施の後藤七郎兵衛に移り、〇六年一月一一日秋元利兵衛に渡った。「旧土地台帳」には一八八九年以前の記載がないので不明な点はあるが、松島屋は、村越家から加藤家に渡り、後藤家を経て秋元家に渡った。また、角屋が江戸時代以来旅籠を営んできた大光寺参道脇の地番二六四二の土地も、一八九六年（明治二九）四月一日に加藤家から人手に渡り、二〇世紀初頭までに加藤家は旅館業を廃業したのである。一方、秋元家は代々所有していた隣地の二七五五を併せて一九〇六年（明治三九）、松島屋を受け継いで開業し、屋号を「角松旅館」とした。それは角屋と松島屋、二つの老舗旅宿を受け継ぐという気構えからつけられたと思われる。なお、前述我孫子駅誘致の会合の際の松島屋は、加藤家の時代である。

また、供奉人の皇族や高官が宿泊した家々であるが、小熊甚左衛門家は名主を長く務め、また、渡辺藤吉家は扇屋、関口藤右衛門家は橘屋、渡辺寿吉家は「こまつや」を名乗る旅籠だったことが知られている。扇屋は明治の初めまでに一度没落、その後油屋と金物屋を兼ねて成功したという。また「こまつや」は明治の中頃までは大光寺近くで営業を続けていたと思われる（我孫子市史研究センター編『我孫子の生業』）。飯泉政次郎家は『我孫子市史研究』第四号所載の明治初期の地番図によれば、街道から奥へ広い土地を所有している（二七五三番）。いずれにせよ、これらの家々が皇族はじめ主要な供奉人たちの宿泊所に適しているとの判断があったからに違いない。

しかし、旧本陣小熊郷右衛門家が入っていない。小熊栄二氏によれば、本陣小熊家は、一八〇五年（文化二）と一八二七年（文政一〇）二度の我孫子宿大火で類焼しただけでなく農民救済にも尽力したことで、大きく財力が疲弊、一八七一年（明治四）の我孫子地番図では本陣敷地がかつての一〇分の一程になってしまうまで没落が激しかったという[9]。一九二一年（大正一〇）本陣の離れが村川堅固別荘母屋として移築されたが、このころ本陣の建物が取り壊しとなったのだろうか。一九二七年（昭和二）の「我孫子区地図」（巻末折込み図0—6参照）からは、小熊郷右衛門宅が白山の鉄道踏切近くに移り、醤油・米穀・肥料などを商う店を構えていたことがうかがえる。

鉄道開通後の街並みの変化

我孫子駅付近は小字西原といい、ほとんどが畑地であった。駅から南へ直線距離約七、八〇mに旧水戸街道の八坂神社があり、神社脇からは南へ手賀沼に下りる道（公園通り）もあった。駅から南へ直線道路を開くことができれば、最短で旧水戸街道に交差し、また手賀沼にも下りることができ、すぐ近くの渡船場にもつながることになる。駅から手賀沼へ直線で僅か七〇〇mほどであったのである。

この駅前通りの建設について、「停車場道開通記念碑」（碑には碑名・建碑年月日は刻されていない）には、「当駅日成鉄道ノ分岐点ニ当リ乗客及ヒ貨物等ノ運輸ハ日ニ繁多キヲ加ヘ形勢為ニ一変セリ」、すなわち「日本鉄道と成田鉄道の分岐点の我孫子駅は、乗客や貨物の輸送で日増しに繁忙を加え、それまでとは町の形勢は一変した」と記し、つづいて、「駅はできたが、そこに通ずる道路が未だ完全でなく、通行に支障があるので、公衆の利便をはかるために同志たちは、機敏に心と力を合せてこの新道を完成させ、その完成記念に碑を建てた」と刻まれている。この碑文から、駅前通りは日本鉄道の開通時ではなく、成田鉄道の開通（一九〇一年）のころに完成したことがうかがえる。

さらに「県道之桜樹植付寄付金紀念」碑（明治四三年＝一九一〇年四月建立）には、植樹が明治三六年（一九〇三）三月とあることから、駅前通り（県道）完成間もなく植樹され、この桜並木は、大正末期には「花のトンネル」と表現されるほど見事に成長して我孫子駅前通りのシンボルとなっていた（第四章第二節）。これらの事業も、飯泉喜雄を中心に行われたものであった（逆井前掲書）。

　大日本帝国陸地測量部制作二万分の一の地形図「我孫子宿」一八九七年（明治三〇）修正版を見ても、我孫子停車場の表示はあるが、駅前通りはなく、駅から西に数十mの所から南に曲がり「光東寺」（興陽寺）辺りで旧水戸街道に交差する道があるのみで、それが一九〇三年（明治三六）測図、〇九年製版の五万分の一地形図「龍崎」になると、八坂神社に出る駅前通りがはっきり描かれている。

　一九〇五年（明治三八）七月二一日の『東京朝日』に、栗島狭衣記者が一泊で手賀沼を取材した「水村の夏」という記事が残っている。鉄道開通後では最も早い時期に手賀沼の景観美を紹介した記事（第二章第一節）であるが、その末尾に我孫子の町の様子が記されている。「たゞ恨む、沼畔我孫子の街、人烟稀にして商戸饒《ゆた》かならず、旅館の半夜の夢も徒《いたずら》に淡く、明け易き櫺子《れんじ》の月に寂寥の感深からしめし事や」と、我孫子の街並みが寂しく、外から訪れる人たちを迎える準備がまだできていなかったのである。

　しかしその翌〇六年、我孫子駅近くに県内最大の製糸工場、山一林組我孫子製糸所（後に石橋我孫子製糸所、現在はイトーヨーカドー南口店）が新設された。我孫子は、日本鉄道・成田鉄道分岐点に当たり、鉄道を利用して県内や茨城県などから原料の繭が集まり、また女工など工場で働く人々も近隣だけではなく遠方からも集まり、生産された生糸の多くが横浜から海外へ輸出された[10]。

　また、同じ年に前述の松島屋を引き継ぐ角松旅館が開業し、駅周辺には新しい旅館なども建ち始めた。なお最近閉店した鈴木屋はそれより早く一八七九年（明治一二）の開業である。前掲『我孫子の生業』によれば、大正から昭和初めにかけて、駅前には道を挟んで高松屋・一徳亭と新秋谷・本郷屋が軒を並べ、駅前通りの横道に富勢屋、旧水戸街道には亀屋と香取屋があり、角松・鈴木屋を含めて合計九つの旅館が営業していた。角松と鈴木屋以外の創業年は定かではないが、高松、一徳亭、新秋谷には、成田山詣や政治家の客が多く、香取屋、亀屋は大師参りの客が、本郷屋はうなぎや川魚料理が評判だったという。駅前旅館近くには、茶店、すし屋、酒屋、そば屋、菓子店などの店もでき、駅の荷物を扱う運送店や弁当店なども比較的早い時期に開業したと思われる。旧水戸街道では、萬屋は一九一二年（明治四五）創業と言い、洋品・帽子・おもちゃ・文具から竹箒・軍手・タワシまでを扱ったという。大坂（後に大阪と改称）屋は、日本鉄道の開通のとき流山から移り、米穀と肥料を商った。秋谷呉服店は、秋谷酒造の分家で、一九〇六年創業、呉服、反物、小物類、綿、足袋、メリヤスなどを扱い、町の唯一の呉服店であったという。すべてを網羅できないが、駅前通りやその横道には旅客や地元住民が必要とする様々な店がつくられ、旧水戸街道沿いには旧来からの店だけでなく、商売換えや新たな店が開かれ、町は次第に活気を取り戻していったのである（前掲『我孫子の生業』、「我孫子区地図」などによる）。

しかし、一九一四年（大正三）天神山（緑一丁目）に夫の柳宗悦と新婚家庭を営んだ声楽家柳兼子は、「もう、ほんとに何もないところでした（略）魚屋はないし、八百屋はないし、駅のそばにお菓子屋が一軒あるっきりで」「お惣菜の材料は、散歩で道を歩いてるときに、往来に百姓家がありまして自分の家でもって使ったのが残ったようなときに、戸かなんかさかさにして並べてね、『今日は二ンジンがあるわ』なんて言ってニンジンを買っとくようなことです」などと述べ、あとは豆腐屋が一軒、缶詰を売る店に福神漬を買いに行き、鶏肉の半身を買ってきてカレーライスにして福神漬をたくさんかけて食べようとしたこと、肉や野菜などは上京の折に上野のアメヤ横丁で買って帰ったと述べている（『柳宗悦全集』月報5）。甘党の白樺派に人気があったのは、駅前の相模屋の大福餅であったという。現在、兼子特製の味噌入りカレーは、ふるさと産品「白樺派のカレー」として販売されている。

一方、関東大震災の翌一九二四年に一家転住した杉村楚人冠は、「強いて不便を言えば西洋洗濯屋とパン屋とのないことだ」と書いているが、前掲「昭和二年我孫子区地図」を見ても贅沢さえ言わなければ生活必需品のほぼすべてが町で賄えるようになっている。このように関東大震災を挟んだ十数年が我孫子の街並みの大きな変化の時期だったことが分かる。

第2章　手賀沼・我孫子別荘史の始まり（明治末期から大正初期）

図2−1　絵葉書「我孫子天神山より安美湖の眺望」
（村川家提供）

鉄道が開通する以前にも、手賀沼の自然や景色を愛でる人たちは少なくはなかったはずである。地元の人はもちろん、旅の途中に、あるいは相馬霊場巡礼や布施弁天参りの折に、たまたまその美しさに見入ったのではないだろうか。しかし、そういう人たちでもここに別荘まで設けたという話は聞かない。

本章では、鉄道開通から一〇年ほど経た一九一〇年代前半期（明治末期〜大正初期）を、別荘史の始まりと考え、どのような人たちが、どのような目的でここに別荘を求めたのかについて見ていくことにしたい。

1　手賀沼の景観

「手賀沼北辺紀行」

鉄道開通以前、手賀沼の景観美に触れた例を一つだけあげてみたい。幕末に布川（茨城県利根町）の医師赤松宗旦が著した『利根川図志』は、少年時代を布川や対岸の布佐（我孫子市）で過ごした民俗学者柳田国男に大きな影響を与え、のちに同書の校訂も行って岩波文庫に収められている。この本の中に挿入された「手賀沼北辺紀行」を書いたのは、一八五五年（安政二）一一月の江戸安政大地震を逃れて、布川にやって来た宗旦の友人「某」とされる。その旅の途中我孫子宿を出発して間もなく、馬方にこの辺で景色の良いところはあるかと問うと、「子《ね》の神《かみ》権現の社は、手賀沼を越えて大井・戸張新田（柏市）の両岸上方に富士の峰が眺められ、その風景は言いようがない」と答えたという。このとき富士が見えたかは記されていないが、一人の馬方だけでなく、地元の人々にとっても子の神権現の社からの景色は「言いようもなく美しい眺め」と認められていて、旅人たちも旅の途中その眺めに見入ったのではないだろうか。

子の神権現には、平安時代の九六四年（康保元）甲子の年の最初の子の日に行基菩薩が建立したとの言い伝えがあるというが、のちに足腰の病に効験ありとの信仰が広まり参詣者で賑わうようになった。江戸後期の寛政年間（一七八九―一八〇一）には道筋に道標がつくられ、幕末一八五六年（安政三）には江戸深川永代寺で我孫子宿権現出開帳（別当寺延寿院の秘仏公開）の記録がある。道標が作られる前の安永年間（一七七二―八〇）取手宿の観覚光音が願主となって設立された相馬霊場八十八ヵ所の信仰が広がり、我孫子市内には三八番札所子の神権現、四三番札所延寿院（一九一八年我孫子宿から子の神権現境内に移転）など二六ヵ所と番外一ヵ所があり(1)、また布施弁天（柏市）も札所の一つである。

手賀沼は「夏の女神のガラスの鏡」

つぎに鉄道開通後、別荘史の始まる直前に書かれたものを二つ紹介する。一つは、第一章でも触れた『東京朝日』の栗島狭衣「水村の夏」である。一九〇五年（明治三八）夏、取材に訪れた栗島は子の神権現社前の手賀沼に下りる急坂にしばらく佇み、美文調で「一面の玻璃《はり》鏡を磨き出して夏の女神の化粧に宛てたるもの、これ即ち手賀沼也」と表現した。「玻璃鏡」とはガラスの鏡のこと、「波ひとつ立たず静かに澄んだ夏の手賀沼は、夏の女神が化粧するために磨き出したガラスの鏡のようだ」の意だろうか。鉄道開通後、手賀沼を取材した早い時期の記事である。同じ朝日の杉村楚人冠が手賀沼を訪れたのはその六年後である。栗島は有名な劇評記者、後に俳優としても活動した。養女栗島すみ子は、日本映画初期の人気女優である。

大町桂月「我孫子付近の勝」

その一年後、著名な文筆家で紀行文にも優れた大町桂月も子の神を訪れている。大町は、翌〇六年七月一三日午後、水戸行の汽車で我孫子着、早速子の神権現を訪れ、境内の茶亭で休息し、手賀沼の景色に見入った。茶亭の老夫が沼の西方を指して「富士山の見えるのは、このあたり」などと説明し、さらに名産の鰻や鴨のこと、夏の緑蔭、秋の観月の素晴らしさを語り、「秋晴の夕方など斜陽が雲を射て、その雲が沼の水に映る様子は特に美しい」と語った。大町は、「もしこの地に桃があって公園とするなら、野田の集楽園［ママ］と伯仲するに違いない」と記した。当時、聚楽園《じゅらくえん》や座生沼（野田市清水公園）とその周辺は、最も美しい桃花の名所としてよく知られていたからである。

このあと大町は、徒歩で久寺家《くじけ》を経て布施弁天に行き、境内を訪れ、土手の上から利根川の流れ、白帆の船々を眺め、桜山に行き、山下の「一旅店」で一泊、翌日布施弁天の丘続きの長堤の尽きるところまで歩き、そこから我孫子駅に戻って帰京した。

しばらくのちことであるが、一九二三年（大正一二）桂月の娘愛は手賀沼対岸鷲野谷（柏市）の豪農染谷家の長男良夫と結婚した。同じ画学校で知り合った仲だった。翌年桂月は我孫子から船で染谷家に挨拶に訪れた。このとき村川別荘（後述）に立ち寄り、子の神にも詣でた。染谷家への礼状に「東京よりわずか十里で、このような仙境があるものかと驚喜しました。手賀沼は印旛沼よりも風致大いに優れており、我孫子駅から染谷家まで一歩一景、すべて絵になる風景が広がっていました」[2]などと書いている。

2　手賀沼・我孫子別荘史の誕生

「開祖」島久別荘

このように、手賀沼第一の眺めは子の神の台地からの眺望といわれた。手賀沼・我孫子最初の別荘も、子の神権現社西隣、手賀沼に面した台地に設けられた。それが東京日本橋本町四丁目の薬種商島

図2-2　島久別荘跡

島田久兵衛
（平凡社
『人名大事典』）

田商店七代目店主島田久兵衛の別荘（島久別荘）である。残念ながら、別荘の写真など発見することはできなかったが、我孫子市教育委員会の「島久別荘跡」の説明板が建てられている。また邸内には子の神古墳群（全一四基）の八、九号墳が存在している。六世紀後半の古墳で人物埴輪や形象埴輪が発掘されている。手賀沼・我孫子の別荘地は、古墳と重なるところが少なくない。古墳時代以降（?）、松や杉など樹木が生い茂って人家が疎らで、手賀沼に面したところが別荘地になったのかもしれない。

柏法務局所蔵の「旧土地台帳」（以下の別荘地購入の記事の出典は、とくに断りのない限り「旧土地台帳」による）によれば、島田は一九〇五年（明治四〇）九月から同年一二月にかけて子の神（寿二丁目）の山林一町六畝二歩（約三一八二坪）を購入、これが最も早い別荘地購入であったので、島久別荘が別荘第一号といわれる。なお、これらの土地は〇七年一二月縁者野村こう名義に書き換えられ、野村名義で子の神のさらに多くの土地が購入された。

『日本大人名事典』（平凡社）によれば、島田は、一八六四年（元治元）十二月九日先代久兵衛の長男として江戸日本橋に生れ、幼名を直太郎といった。帝国大学医科大学薬学科選科で学び、欧米諸国の優秀薬品類の輸入紹介に努め、医薬学会に貢献し、のち東京薬種貿易商組合役員に選ばれた。一九〇四年家督を相続して、七代目久兵衛を襲名し、薬品機械類直輸入商合名会社島久商店代表社員となり事業の拡張を図り、日露戦争後には朝鮮・満州進出を企て京城、大連等に支店を設けた。そのほか東洋酵素初め二、三の会社役員となった。一九三二年（昭和七）一〇月二日没、享年六九歳であった。

実は明治以降の島久商店躍進の基礎を築いたのは、先代（父）久兵衛（一八四一～？）とみられる。『実業人傑伝』（国立国会図書館蔵）によれば、先代は江戸深川の出身、日本橋本町三丁目薬種問屋島原吉兵衛の店で奉公、努力して支配人となり、二五歳で独立、本町に薬種問屋を開業して一定の成功をおさめたが満足せず、新たに洋薬販売に転じ、一八七七年（明治一〇）には輸入額は月数万円に達したという。日本橋本町四丁目に邸宅を購入、島久商店の名は広く世に知られるようになった。一八八五年出版の『東京商工博覧会絵』（複製版一九八七年湘南堂書店）には、店と邸宅が同じ敷地内に描かれた銅版画が二ページ続きで掲載されている。

先代か本人かは不明だが、島田久兵衛の名で、日本薬学会機関誌『薬学会雑誌』一九〇〇年四月号に「トリラー氏装置と『ペスト菌』」、六月号に「『ニルバニン』の効能」などの小論文発表、また同号掲載の「海外国直輸入薬品問屋　島久商店」取り扱いの「諸新薬及化学用薬品」一覧の広告などからも島久商店が他に先駆けて海外薬品を直輸入・販売していたこと、また『薬学史事典』（薬学史学会編）にも、外国の輸入洋薬が神戸・横浜の外国商館経由で関西の田辺、武田、塩野義など大問屋、関東の島田久兵衛など三名にもたらされていたことが記されており、その事実が裏付けられる。

島久を手賀沼に誘った「廻国の六部」はだれ？

杉村楚人冠は島田に薦められて手賀沼に別荘を構えたが、その島田に手賀沼を薦めたのは誰か。「島田君は七、八年前廻国の六部から手賀沼の景色を聞き込んで、ここに地所を買い入れて別荘を構えている」と楚人冠は書いている。(3)「廻国《かいこく》の六部《ろくぶ》」とは、霊場巡りの巡礼のことだが、その巡礼が誰だったのか、その名前までは書かれていない。一九二二年（大正一一）四月から約一年間我孫子に住んだ作家瀧井孝作に「別荘番」という作品があるが、そこに興味深い記述がある。

> 東京の何某呉服屋の隠居が相馬の札所《ふだしょ》巡拝の道すがら沼べりのここの土地に惚《ほ》れて別荘を築いたという事で、酒好の隠居の植木いじりが偲《しの》ばれる。暗い沼べりの一部分ここのみは拵《こしら》えた絵のように花やかである。かれは、目前の様に目を移し、年寄でなければ出来ない悠々とした庭の趣を眺めた。何某呉服屋の隠居が死んで、あとここの別荘は現在の持主の手に移つたが、町の物持は直ぐ飽きて、去年の夏迄別荘番がいたが（この別荘番の事は後の条に一寸かく）それが去る故《ゆえ》無人になる由で、かれが借りて引移った。(4)

瀧井のことは次章で述べるが、瀧井が別荘番として住みこんだ別荘の前の持ち主が、相馬の札所巡りの道すがら沼畔の土地に惚れて別荘を築いたというのである。その別荘の持ち主は深川区相川町**内山作次郎**で、一九一一年（明治四四）九月と翌年二月に子の神の山林一反七畝二三歩（五三三坪）を購入しているが、瀧井が我孫子に移ってくる直前の一九二二年（大正一一）二月、内山から別の人に所有権が移転されている。内山が亡くなったのはこのころかと思われるが、内山がこの地に別荘を求めたいきさつや植木や草花など庭の手入れを楽しむ生活ぶりが、短い文章のなかに鮮やかに描かれている。

内山作次郎についてさらに調べてみると、交詢社発行一九一三年版『日本紳士録』に、「内山作次郎　川越屋、呉服商、深川区相川町二　●二九✖一〇六▲下二九五二」（●印は所得税✖印は営業税▲印は電話）と記され、「地籍地図」(5)には、相川町二ノ一に「川越屋洋服店」とあるが、いずれにせよ、内山の店が深川区相川町二番地、隅田川永代橋に近い、東京市街鉄道（後に東京市電に合併）の通っている表通りに面していたことが分かる。

島田に手賀沼を薦めたのが「廻国の六部」で、巡礼の道すがら手賀沼の景色に惚れて自分も別荘を設けた人物という二つの条件を満たすのは、内山以外には見当たらない。そうだとすれば、島田と内山によって手賀沼・我孫子の別荘史が始まったと言ってよいのではないだろうか。

しかし、この二人はどこで知り合い、どのような関係にあったのかははっきりしない。内山が相馬巡礼を思い立った背景には、内山の住んでいた東京深川には江戸時代以来相馬霊場札所の布施弁天や子の神権現の出開帳（秘仏公開）が記録されていて相馬巡礼に馴染み深い土地柄である。(6)一方島田の方も先代六代目久兵衛も深川の出身で、のちに本人七代目久兵衛の告別式も深川元霊巖町の霊巖寺で行われた。二人の共通点は深川である。推測の域は出ないが、二人は何らかの深川の縁での知り合いだったのではないだろうか。ここには富岡八幡や深川不動、その門前には繁華街（花街など）も栄えていた。

もう一人の「開祖」――嘉納治五郎の「臨湖閣」

嘉納治五郎が我孫子に土地を求めたのは、主に一九一一年(明治四四)一〇月から一三年(大正二)にかけてで、我孫子町の南作、白山、雁明《がんみょう》に広大な土地を購入した。南作(緑一丁目)には畑と山林三反三歩(約九〇〇坪)、白山には畑と山林四町一反五畝八歩(一万二四五八坪)、長男竹添履信名義の白山(白山二丁目)の山林一町五反一九畝を加えると合計五町六反一畝一三歩(一万六九七七坪)となる。さらに雁明(緑二丁目)にも二カ所の土地、畑と山林合計五反五畝四歩(一六八四坪)を所有した。

土地を購入して間もなく、南作の通称天神山に別荘臨湖閣が設けられた。白山の広大な土地は、一九一九年(大正八)頃、新しい農業技術を習得して松戸で農園経営を委託され成果を上げていた松本久三郎を招き、経営を任せた。嘉納が白山の広大な土地を購入したのは、初めから農園をめざしたのか、それとも理想的な学校を建設しようとしたのか、諸説あるが、ここではそれには踏み込まず、それに関する主な著作名を註で紹介するにとどめる。(7) なお雁明の土地二カ所のうち一カ所は大正元年一一月国文学者関根正直に売却した(後述)。

嘉納治五郎は、一八六〇年(万延元)一〇月摂津国御影村(神戸市東灘区)に生まれた。父希芝は近江日吉大社の社家生源寺《しょうげんじ》氏の出だが、御影村の酒造・廻船業嘉納次作の娘定子と結婚して嘉納次郎作を名乗り、嘉納治作家を継いだ。嘉納本家(治郎右衛門)は灘の老舗菊正宗本舗である。

一八八一年(明治一四)東京大学文学部政治学・理財学卒業、さらに道義学、審美学を学んだ。今でいえば、政治、経済だけでなく、倫理、美学など全人的な学問を身につけたのである。翌八二年学

図2-3（左）嘉納治五郎夫妻
（『嘉納治五郎』講道館）
（右）嘉納別荘
（『作興』1927年1月号）

習院講師、八六年には学習院教授兼教頭となった。在学中に柔術天神真揚流などを学び、柔術に合理的考えを取り入れて八二年講道館柔道を創設、身体だけでなく修行で得たことを社会に生かしていくという人格形成をめざした。八九年から一年余ヨーロッパ各国を視察、帰国後熊本の第五高等中学校校長、同九三年には第一高等中学校長、さらに高等師範学校長に任ぜられた。とくに高等師範学校長（東京）として、若干の非職期間を挟んで一九二〇年（大正九）一月まで約二四年間、教師を育成する教育に携わった。また、明治後期には中国人留学生教育にも力を注ぎ、さらにアジア初のＩＯＣ委員となり、生涯オリンピックに深く関わりつづけた。

さて、嘉納はどのような理由で手賀沼・我孫子を別荘地として選んだのだろうか。その基底には嘉納の生まれ育った環境の影響があったと思われる。嘉納の生家、御影浜東の邸宅は「千帆閣」と称され、はるか後方に六甲の緑の山並み、そしてすぐ前方には美しい海が広がり、大阪湾上を行きかう帆影が遠くに近くに望むことのできるという景勝の地にあった。父次郎作は次作の実子良太郎に家督を譲り、幕末には幕府の廻船御用、砲台建設などにあたり、維新後は政府に起用され通商、造船などの要職を歴任し、自邸のほか小石川丸山町には庭園美を誇る別荘「紅緑山荘」を所有する裕福な生活を送った。こうした生来の生活環境は、治五郎の景観美に対する目と心を育んだ。

成長してからは、内外の土地を訪れる機会も多くなり、景勝地を進んで訪れた。たとえば、一九二〇年の秋、第七回オリンピックアントワープ大会の帰途、ウィーンからスイスに行く途中にチロルに数日間滞在した。この時のことを、「チロルはスイスおよびイタリアに接しているオーストリアの山岳地で、スイスアルプスの引続きとなっている世界有数の山岳の風景を有している土地である。八年前その辺に行ったことはあるが、深く山に這入ってみなかったから、その地方の本統の景色を鑑賞することが出来なかった」と記した。

またワシントンにも立ち寄り、一〇年前に来たときは行くことが出来なかったジョージ・ワシントンゆかりの地モントベルノンまで単独で足をのばし、「ちょうど予が休息所として時々行く我孫子に似ている。ポトマック川が安美湖に比すべく、対岸の岡は沼向うの山林の趣があり、公平にいえば我孫子以上の地勢である」と述べている。[8] ポトマックの方がより素晴らしかったのかもしれないが、我孫子から見た手賀沼を「安美湖」と讃え、別荘は「臨湖閣」と称された。別荘を設けたのはモントベルノンを訪れる以前のことであったが、別荘を設けて間もない一九一四年（大正三）二月、楚人冠から郵送されてきた臨湖閣からの手賀沼の写真を見て、その写真に『我孫子天神山より安美湖の眺望』の一四文字を付した絵葉書（図2―1）二〇〇枚の作成を楚人冠に依頼する手紙を出した(9)。写真は楚人冠が写真担当の記者と嘉納別荘を訪れて撮影したものと思われる。楚人冠も別荘をもって間もないころで、二人が我孫子で早くから交流を持っていたことが分かる。

初めだれが嘉納に手賀沼・我孫子を紹介したのかは分からないが、かつて手賀沼の鴨猟を調査した義兄の柳楢悦、あるいは実家が我孫子の加藤家（角屋）で、講道館にも通った血脇守之助の可能性もある。ただ紹介者がだれであれ、嘉納は自分の目で確かめて、手賀沼・我孫子の美しい湖沼（水辺）と対岸の山林の趣のある丘陵、それは嘉納が幼いころから持っていた理想とする景色に近いもので、しかもそれが我孫子の歴史的風土とも合致していると直感したからではないだろうか。後に見たチロルやポトマックと同じように。このときから嘉納の手賀沼・我孫子との深い関係が始まった。

3. 島田、嘉納につづく別荘

これまで見てきたように、一九〇三年の島田久兵衛が最も早く、次が嘉納治五郎、この二人が我孫子別荘史の開祖と呼ばれる。時期的に最も早い島田、それに対して嘉納が開祖とされるのは、その後の別荘史への影響力の大きさからであろう。

二人に続くのが嘉納の姪**加藤直枝子《すえこ》**、島田に誘われた杉村楚人冠《そじんかん》、嘉納校長の下で高等師範の教員だった渡辺龍聖《りゅうせい》、ほかに官僚の宮尾舜治《しゅんじ》、軍人の諏訪親良《ちかよし》などの別荘（地）がつくられた。

加藤直枝子の母は、嘉納の実姉で柳楢悦未亡人勝子である。勝子の名は、父次郎作が公私にわたり世話になっていた勝海舟の「勝」をもらった。また前妻を亡くした楢悦に勝子を紹介したのも海軍の上司勝海舟であった。直枝子は、夫の奉天総領事加藤本四郎が病死（一九〇八年一一月）したため、母と一緒に住むため嘉納の勧めで嘉納別荘の隣地を購入して家を建てた。ところが、間もなく直枝子は海軍将校**谷口尚真**《なおみ》（のちの海軍軍令部長）と再婚したため、空き家になり、そこに弟の柳宗悦と兼《かね》子《こ》の新婚夫婦が住むことになった。その後志賀直哉、武者小路実篤もやってきて、次第に手賀沼・我孫子文化村の様相を呈していくのである（第三章）。

杉村楚人冠の七坪半の別荘枯淡庵

島田の薦めでここに別荘を設け、後に一家で転居して我孫子町民となり、終の棲家とした東京朝日新聞記者杉村楚人冠（本名広太郎　一八七二〜一九四五）の存在は、別荘史は勿論、田園都市、近郊都市として発展を模索した我孫子や柏の歴史を見る上でも欠かすことができない（第五章）。

楚人冠が初めて手賀沼を訪れたのは、一九一一年（明治四四）一一月末の曇った寒い日であった。一泊二日の予定で、目的は、手賀沼の伝統的な鴨猟の取材をすることであった。伝統的とは、千年来続いてきた猟法で、沼中央部で黐縄《もちなわ》を舟から流して捕る猟法と沿岸に網を張って捕らえる二つを組み合わせて、鉄砲は使わず、また猟に参加できる部落や日数も限って、根こそぎ獲ることはせず、人と鳥の共存を可能にする猟法といえる。動物愛護の運動にもかかわってきた楚人冠にとって一度は見ておきたいものだった（「手賀沼の夜」）

この手賀沼往復の成田鉄道の車窓、湖北駅付近から見た湖畔の風景―起伏のある丘陵と折からの紅葉の美しさは楚人冠の心をとらえ、ここに住居を構えることを真剣に考えた。そのことを島田久兵衛

図2-4（左）別荘枯淡庵から手賀沼を臨む（『戦に使して』）
（右）自転車の杉村楚人冠（『楚人冠全集』第16巻）

に話すと、湖北駅よりは我孫子駅の方が交通の便がよいと助言され、島田の案内で我孫子を訪れた。当時島田と楚人冠は同じ東京府下荏原郡入新井村《いりあらい》（大田区山王）に住んでいて、最寄りの大森駅西口を利用する新住民の社交クラブ大森倶楽部で知り合った。

> 暮れかかる（明治）四十四年の末の某の日、いよいよ出掛けた。成程我孫子なら湖北より近くもあるし、成田線と常磐線との分岐点だけあって汽車の数も大分多い。導かれて湖水の西の端に近い根戸新田の辺から通称六之丞の森と称する湖水に沿った松林を通ってお伊勢山、観音山、弁天山を左に見て子の神の島田君の別荘に着いた。帯のように流るる手賀の湖、対岸の模糊たる松林や杉の森、風にそよぐ岸の枯蘆《かれあし》、琴の音に通う松風の音、何処を見ても全くよい。それに土地の値段も嘘のように安い。誠に僕には恰好《かっこう》の地と思った。
>
> （「白馬城放語」）

と我孫子に決心を固めたのである。

実は楚人冠の第一候補地は、その日の午后訪れた駅の北側、手賀沼からは離れているが、中世の土豪我孫子氏の城跡であった。一面に松が生えて大手門の跡や本丸の跡らしい平地もあり、濠のように落ち込んだ小径もある。その起伏に趣があって、北の端へ出ると利根川を往来する帆影が数えられ、遥か筑波山も見える。駅からもかなり近い。この別荘を「白馬城」と名づけたいと悦《えつ》に入《い》っていた。しかし、土地の交渉がうまくいかなかった。そのため、第二候補の沼の見える明田（緑二丁目）の畑など四反一畝二三歩（一二五三坪）を一二年（明治四五・大正元）から一三年に購入、現在の杉村楚人冠記念館（一家転居後建てられ母屋）の西側、「沢の家」と呼ばれる建物の建っている辺りに、わずか七坪半、六畳一間と台所・便所付きのロッジ風の別荘を建て「枯淡庵《こたんあん》」と名付け、庭づくりにも力を入れた。地価は一反（三〇〇坪）「百円と少し」、建築費も百五、六〇円で済んだ。別荘地全体の名称「白馬城」はそのまま残した（「白馬城放語」・「枯淡庵の記」、図2―4）。

現役記者楚人冠が別荘を求めたのはなぜか。別荘完成直後に書かれた「ルバシカの着ごゝち」のなかに述べられている。新聞社を代表して各国の外交官たちとの宴会に出席した夜会での自分の様子を、「燕尾服を着て、オペラ・ハットを被って、白いクラワットに白チョッキ、その上、穿《は》き心地の悪いパテント・レザーのパンプスを履いて、はめもしない白いキッドの手袋を手に持って、心に思う半分も一割も自由に話せないイギリス言葉なんかを使って、夜が更けるまで騒いだ」と描き、このような宴会に招かれたのは、自分が偉いからでなく、自分のいる新聞に対する世間の畏敬と親愛と恐怖とが、自分を不相当にまつり上げたに過ぎないと分析、昨夜は正しく雲の上で威張ったが、その気恥ずかしさに、今朝この阿美湖（楚人冠の造語。楚人冠は「阿」、嘉納は「安」）畔の森の中の一軒家に落ちのびて来た。この阿美湖畔の別荘こそはそうした新聞や家族の過度なストレスや期待から逃れてリラックスできる、着るものはルバシカだけの裸一貫の本来の自分を取り戻す場であると、心の内を語っている。楚人冠は、早くから土日週休二日を唱え、実行もしていた。そのような心にゆとりのある生活をめざすことを「ユゲイズム（遊戯主義）」と名づけ、仕事からも家族からも離れた時間をこの別荘生活に求めたのである。[10]

だが、別荘生活には別の一面も見られた。（《　》内は小林の補足）

（一九一四年）七月三十日。昨日母と共に、常陸の五浦《いずら》より手賀沼湖畔の枯淡庵に帰る。五浦にては岡倉家《岡倉天心が建てた別荘、天心の長男一雄は東京朝日新聞の同僚記者》の客たり。（略）つとめて《翌朝の意》起き出でゝ朝餐《あさげ》の用意す。汁の実にとて、沼の蜆《しじみ》の貰ひ合はせたるあり、味噌は五浦より貰ひ来れるがあれど、擂鉢《すりばち》も擂小木《こぎ》もなければ、味噌を味噌漉《こし》の中にこつき砕きて、やうくに汁を作る。火は松の枯枝を集めて起し、水は庵の側なる清水を汲みて間に合はす。兎角して朝餐は出来たり。涼しき内にとて、母は草を取り衣を洗ふ。その間に己は書を読む。湖より吹き渡る風、水の如く流れ入りて、松林に泣き交はす蝉の声雨に似たり（略）

二日。朝鰻を売りに来れる老女あり。その割《さ》きたるを一籠《ひとかご》求めて、母と二人して焼く（略）午後雷すさまじく鳴る。麦酒を井戸に吊るしおきしが、涼しければとて飲まず。

三日。朝大森の宅より、長男と次男と遊びに来る。素裸になりて騒ぎまはる。これに手伝はせて井戸浚《ざら》へを行ふ。（略）二子と共に、母が焼き呉れたる玉蜀黍《とうもろこし》などかじりながら、寝そべりて語る。今宵は蛍を、明日は蜆を、取りに行くべしなどいふ。それとも祖母《ばば》様を促して村の芝居を見

に行くことにせんかともいふ。（楚人冠著『戦に使して』、『楚人冠全集』第三巻）

しかし、子どもたちとのこの楽しい計画も、東京からの第一次世界大戦勃発の電報でおじゃんになり、間もなく楚人冠はロンドンへと旅立った。

渡辺龍聖の別荘地

図2–5　渡辺龍聖
（『小樽高商の人々』）

渡辺龍聖（一八六二〜一九四四）は、一九一二年（明治四五）三月子の神の山林七反三畝余（二二〇〇坪）を購入した。「旧土地台帳」の渡辺の住所は北海道小樽区稲穂町畑であった。

渡辺は東京専門学校、帝国大学文科大学哲学科選科を経て一八八八年（明治二一）アメリカに留学、ミシガン大学などを経て、ニューヨーク州コーネル大学哲学科大学院で倫理学を専攻してドクトル・オブ・フィロソフィーの学位を得て九四年に帰国、同年高等師範学校講師、翌年教授となり、さらに同校校長嘉納治五郎の推薦で、清国政府直隷総督（袁世凱）学務顧問として九九年から七年間北京や天津で清国教育近代化のための学制改革に携わった。帰国後文部省留学生としてベルリン大学に留学したが、途中で呼び戻されて小樽高等商業（小樽商大）の初代校長に就任、一九一一年から一一年余り同校開学の基礎を築いた。[11]

渡辺の別荘地購入は小樽時代だが、それを誘ったのは嘉納治五郎であったと推測される。しかし、渡辺は小樽高商校長を一一年、ついで新設の名古屋市立高等商業（名古屋大学経済学部）の初代校長を一九三五年（昭和一〇）まで一四年間勤め、ほとんど遠方の地にあったことから、渡辺がここに建物を建てたかははっきりしない。ただ、渡辺が亡くなった後の一九五一年まで土地は所有されていた。

しかし渡辺と我孫子との間には、無縁とは言えないエピソードがある。一つは、渡辺がアメリカ留学の最初に学んだのはアナーバにあるミシガン大学であった。一方、単身渡米した南方熊楠は、はじめ農業学校に入学したが、しばらくしてアナーバに移り、動植物採集や図書館で学習するなど独学していた。そのときミシガン大学の日本人留学生と頻繁に交流したことが『南方熊楠日記』に記されている。一八八八年一二月二三日「午後渡部《ママ》竜聖、高野礼太郎二氏来る。余、為に忠臣蔵等の珍話を演ず」などとあり、渡辺とも交流があったことが記されている。同じ頃一五、六歳の楚人冠は、和歌山中学先輩の熊楠と海外文通を重ねていたのである。熊楠と楚人冠の交友は生涯続いた。

また、小林多喜二が小樽高商に入学したのは、一九二一年渡辺校長最後の年である。渡辺は、「諸君を紳士として遇す」と、出来るだけ規則を作らずに、学生の個性と特色を尊重するという教育方針であった。自由な校風のなか、小林の文学熱は高まり、なかでも志賀直哉に傾倒、手紙を送った。志賀は「とにかく盛んに気焔を上げた手紙をよこす北海道の青年というのが我孫子時代の思ひ出の中にある」と小林の名を記憶している。[12] 小林はまた自作小説を校友会誌だけでなく『小説倶楽部』など中央の文芸誌の懸賞に応募し、優れた作品が掲載された。高商卒業後、周知のように小林は、プロレタリア文学へと進み、「一九二八年三月一五日」、「蟹工船」などを発表したが、一九三三年特高警察の拷問で若い命を閉じる。志賀はその前々年奈良で一度だけ会った小林の才能と人柄を惜しみ、母親に弔文と香典を送った。[13]

別荘地の相続者の長男龍策は、一九二八年東京帝大法学部を卒業後、三井物産大連支店に勤務、その後河北省文化学院講師、戦後には北京大学講師などを務め、中国各地に通算二五年間在住、その後中京大学教授を務めた。専門は中国近代史、『大陸浪人』、『馬賊社会史』など個性的な著作がある。

宮尾舜治の別荘葭霞荘

我孫子駅から手賀沼公園への坂道の右側、我孫子で最も古いマンションの一つ我孫子台マンションの建っているところが宮尾舜治（一八六八～一九三七）の別荘跡である。宮尾は新潟県出身、帝国大学法科大学を銀時計受賞で卒業した。大蔵省から後藤新平配下の台湾総督府民生部に移り、殖産局長などを歴任して内地に帰り、一九一〇年（明治四三）から内閣拓務局第一部長や拓務局副総裁などを歴任、一九一七年（大正六）関東総督府に移り民政長官を務めた。その後愛知県知事、北海道庁長官を務め、関東大震災後帝都復興院副総裁として後藤新平総裁を補佐して復興計画に参画した。退官後東洋拓殖会社総裁、貴族院議員を務め、晩年は東京市政革新同盟に加わり東京市会議員に選出された。

図2-6　宮尾舜治
（『宮尾舜治伝』）

宮尾が柏木（白山一丁目）に土地を求めたのは、一九一三年（大正二）一〇月、「内地」に戻っていたころである。『宮尾舜治伝』（黒谷了太郎著　一九三九年）によれば、宮尾は庭園設計が趣味で、「故人の所有している唯一の別荘我孫子のそれは全く庭園を楽しむ為のもので、その設計は故人自ら行い、前記庭師《この文の前に「牛込の家でも目黒の家でも絶えず庭師を入れて庭園の手入をさしていた。その庭師も一風変った人間で独特の技量の持主ではあるが、大体は故人の指揮に従って手入をしていたものであつた」とある》をして築造せしめたものである」と述べている。現在、別荘地跡のマンションには、宮尾の別荘

「葭霞荘」の石柱が残されている。宮尾は、一九一三年から翌年にかけて山林など五反二畝一三歩（約一五七三坪）の土地を手に入れている。また同じ時期、子の神にも山林四反（約一二〇〇坪）を求めているが、そこは地元民に売却、一九二七年に後述の三谷一二が購入した。

宮尾が亡くなった後、一時東京帽子株式会社（オーベクス株式会社）の施設として利用されていたという。東京帽子は、渋沢栄一らが関わって一八九二年（明治二五）に設立された日本で最も古い帽子製造会社である。

「謎」多き諏訪親良とその別荘

実はもう一人、明治時代から手賀沼・我孫子に住んでいたと思われる人物がいる。諏訪親良という。一九一六年（大正五）『国民新聞』の我孫子紹介の記事（第五章）に、「白山の辺には古墳が到る処にある、松林の間にも畑の中にも点々として円形の塚がある、数年前に諏訪親良氏が所有地内の古墳の一ツを発掘し石棺の中からは頭蓋骨と数口の古刀、水晶のキリコ玉数個と象の歯骨、青銅の食器等を発見し頭蓋骨を奉じて白山神社を創祠した」と興味深い内容を記している。

また、楚人冠の一九一二年（明治四五）七月七日の日記には、別荘のことで我孫子を訪れたとき、土地の仲介をしてくれた地元の飯泉賢治から聞いていたのか、「我孫子―ニ至る、諏訪老人を訪いてしばらく語り、飯泉にて中食」と諏訪の別荘を訪ねたことが記されている。しかし、楚人冠がなぜ諏訪の別荘を訪ねたか、諏訪がどのような経歴の人物か、我孫子にはどのような縁で、いつ頃別荘を設けたなどまったく謎であった。ただ別荘が白山にあったのは確かなので、「旧土地台帳」を調べてみたが、諏訪の名を見つけることができなかった。

最近になって、諏訪の経歴などを記した資料を見つけた。一つは、鶴嶋俊彦「新史料『熊本城郭及市街之圖』」(『熊本城調査研究センター年報』第一号　二〇一三／一四年度)である。これは、国会図書館所蔵の熊本城関係史料の調査で新たに確認ができた地図で、その端裏に「明治十四年四月四日写　陸軍工兵軍曹仁村俊徳」とある写本だが、その表面左下隅に「元製図　陸軍大尉諏訪親良・陸軍曹長福嶋知新・陸軍々曹仁村俊徳」とあり、諏訪は、元になる製図作成に携わった三人のなかの最上官であった。この元図は、一八七九年(明治一二)五月に製図・編集されたとみられ、地図全体の多くを熊本城下までを描いた「市街図」(縮尺五千分の一)が占め、右下隅に熊本城跡部分の測量図である「城郭之圖(同二千四百分の一)が加えられている。西南戦争の直後に作られた大変貴重な地図の発見であった。その元図作成の中心に諏訪がいたのである。この調査は、熊本城に大被害与えた二〇一六年の熊本地震の少し前に行われていた。

もう一つは、唐津靖彦「工役長　陸軍工兵中尉時尾善三郎」(立命館大学文学部人文学会の紀要『立命館文学』六三五号　二〇一四年)の註に、諏訪の経歴が記されている。それは、陸軍城塞部の「対馬要塞史」にある芋崎砲台の明治三〇～三三年と三五年の大改築についての記事の註で、「明治三〇年に工兵第三方面対馬支署長(九月から築城部対馬支部長)だったのが諏訪親良工兵大尉(一八四九～?)である」として、その責任者だった諏訪の経歴をさらに詳しく記している。それによれば、「諏訪は和歌山出身で、一八七二年(明治五)に陸軍省築造局の十二等出仕、翌年陸軍少尉に任官した。九八年(明治三一)には、架橋材料として鉄舟に独特の工夫を凝らした功績に賞与を受けている。

同年一二月一日に後備役に編入となった」（要約）と記されている。

諏訪が第二の資料にあるように一八四九年（嘉永二）の生まれであれば、楚人冠が初めて諏訪と対面した一九一二年七月には六二、三歳、その前に白山に別荘を持っていたことになり、手賀沼・我孫子別荘地の最も古株の一人であることは確かであろう。また、一八四七年（弘化四）生まれの楚人冠の父も同じ紀州藩士で、同世代だったことも興味をひく。楚人冠が白山の諏訪の別荘を訪ねたのもそうした縁からであろう。しかし一九一六年の新聞記事以後の諏訪の人生もまた「謎」である。

島田利三郎、高島米峰、中村蓊の別荘地

このほか、大正二年ごろまでに別荘地を持っていたのは、島田利三郎、高島米峰、中村古峡などである。

島田利三郎（一八七五―一九五六）は、島久の弟で、兄が死んだあと八代目島久商店主となったという。我孫子の土地は、嘉納別荘の天神山と楚人冠公園のある観音山の間の坂道を上り、頂上手前の右側、南作（緑二丁目）の畑二反七畝二三歩を一九一二年（大正元）に購入したが、建物は建てず、二一年に売却している。

利三郎は、病弱な家族のための療養に適した土地を探し、神奈川の二宮から国府津にかけての土地が年間を通して暖かく、夏は浜風が涼しいので療養にも適しているとして、一九一六年（大正五）に国府津の小字西浜家の松林に囲まれ見晴らしの良い小高い砂山に一千坪ほどの土地を取得、翌年八〇坪の木造二階建ての母屋などを建て、松籟《しょうらい》荘（小田原市国府津二―五―二三付近）と命名した。近年、

建物の老朽化とともに二〇〇一年（平成一三）には一部を分譲、規模を縮小して新築されたという。利三郎は、刀剣の蒐集家としても知られ、研ぎ師の本阿弥光悦［遜カ］や画家の河鍋暁斎《かわなべきょうさい》などもここを訪れたという[14]。

高島米峰[15]（大円　一八七五―一九四九）は、新潟県出身、西本願寺文学寮を経て哲学館（東洋大学）で学ぶ。杉村楚人冠らと仏教の革新と社会の改良をめざして仏教清徒同志会（新仏教同志会と改称）を結成し、ともに活動した。高島や楚人冠は、幸徳秋水・堺利彦ら社会主義者とも親交が深く、大逆事件で死刑になった幸徳の遺稿『基督抹殺論』は高島の経営する丙午出版社から発行された。

高島は一九一二、一三年、楚人冠に薦められて、楚人冠邸の西隣南作（緑二丁目）の畑一反二六歩を求めた。しかし建物を建てた形跡はなく、一六年に柳宗悦の手に渡り、二〇年には高島と同じ哲学館、新仏教同志会の道を歩み、東洋大学学長も務めた境野哲（一八七一―一九三三）に引き継がれた。境野は、手賀沼干拓反対陳情書の署名人にもなった。

中村古峡[16]（蓊《しげる》　一八八一―一九五二）の土地は、南作（緑二丁目）、島田利三郎の土地の南隣の畑九畝二一歩を楚人冠から譲られているが、建物はなかったようである。楚人冠死後の一九四七年に売却された。中村は、奈良県生まれ。少年時代、京都で楚人冠の家の並びに住み、一家で親しくつきあった。父の死後楚人冠の支援を得て上京、東京帝国大学文科大学英文科で漱石に教えを受けた。はじめ文学を志し、東京朝日に転職した漱石の下で、「殻」という精神を病む弟を描いた新聞小説を連載するなど好スタートを切ったが、その単行本の発刊をめぐって漱石の怒りをかい、漱石の死後、小説を断念して異常心理学と精神医学の道へ転じ、その先駆的役割を果たした。楚人冠は古峡の支援をつづけ、生涯にわたり交流を続けた。昭和初め千葉市に精神科の診療所（中村古峡記念病院）を建て、詩人中原中也の診療にもあたった。古峡は楚人冠の晩年、しばしば我孫子を訪れ、楚人冠の母とみの病気看護に力を尽くすなど、楚人冠にとっても頼れる存在となった。

我孫子に別荘（地）を所有したわけではないが、楚人冠にとって生涯を共にした教え子にカルピスをつくった三島海雲(17)がいる。三島は、楚人冠の京都西本願寺文学寮（龍谷大学の前身の一つ）教員兼舎監のときの学生であった。朝のお勤めに遅刻した学生が何人かいて、理由を問いただしたとき一切弁解せずに過ちを認めたただ一人の学生が三島であった。このとき楚人冠は三島の人柄を評価し、それ以来親しいつき合いが続いた。卒業後三島はモンゴルに赴き、そこで発見した栄養素をもとにつくったのがカルピスであった。しかしその道のりは決して簡単なものではなく、常に楚人冠は後援して助けた。その後「初恋の味」カルピスの広告と相まって発展を遂げ、太平洋戦争の戦中・戦後の食糧難の時には、しばしば我孫子を訪れ今度は三島が杉村家を助けたのである。

第3章　手賀沼・我孫子文化村

図3-1　白樺派の人々（我孫子駅南口駅前の「我孫子市ゆかりの文化人」碑）
前列左から柳兼子、武者小路房子、武者小路喜久子・志賀康子、
後列左から金子洋文、一人おいて実篤、宗悦、直哉

白樺派の柳宗悦、志賀直哉、武者小路実篤の三人は、一九一四年（大正三）から相ついで手賀沼・我孫子に住居を構え、創作活動はもとより、新婚間もない家族同士の交流や子育てをおこなった。また彼らに引き寄せられて多くの作家や陶芸家、画家などがこの地を訪れ、相互に影響をしあってすぐれた作品を生み出しただけでなく、次のステップに大きな糧を得た。ここではそれを「手賀沼・我孫子文化村」と称することにする。

白樺派は、一九一〇年（明治四三）創刊の同人誌『白樺』を拠点に活動した。この文化村の時期は、第一次世界大戦から関東大震災までの時期に重なり、戦争と平和が問われ、新しい社会や文化のあり方が模索された。人道主義と理想主義を唱えた白樺派は、多くの青年たちの共感を集めた。この文化村にはどのような人たちが集り、どのような創造活動を展開したのだろうか。

1　白樺派──柳、志賀、武者小路の来住

柳宗悦・兼子夫妻(一九一四年九月〜二一年三月)

最初に我孫子に来たのは、民芸運動の創始者柳宗悦（一八八九〜一九六一）と妻の声楽家柳兼子（一八九二〜一九八四）であった。二人は一九一四年二月に結婚、同年九月手賀沼に面した我孫子町の通称天神山（我孫子市緑一丁目）に移り、新婚生活を送った。前章で見たように、夫を亡くした宗悦の姉直枝子が母勝子と一緒に住むつもりで新築した家が、直枝子の再婚によって空き家になるというので、「別荘番代り家賃なし」で住むことになった。[1] ときに宗悦二五歳、兼子二二歳。二一年までの約六年間を過ごし、ここで長男宗理（一五年六月）、二男宗玄（一七年二月）が誕生した。

宗悦は白樺派で最も若い同人の一人だったが、いち早くゴッホ、ゴーギャン、セザンヌらに注目、すぐれた語学力を生かして西洋美術の紹介・批評を行い、その啓蒙活動を先導したと言われる。[2] 宗悦は学習院高等科から東京帝大文科大学哲学科に進学、一九一三年卒業。ここに来る直前にはイギリスの神秘主義の詩人で画家のウィリアム・ブレーク研究の大著を書き上げた（出版は我孫子転居後）。

兼子は、東京の下町、本所区外手町（墨田区本所一丁目）の生まれ、東京音楽学校（東京芸術大学）で声楽を専攻、一九一二年（明治四五）卒業とともに研究科に進学、結婚を機に中退したが、結婚後も音楽教師や演奏活動をつづけ、アルト歌手の先達として活躍した。兼子は『白樺』創刊直後からの読者で、宗悦の知人宅で宗悦と初めて出会った。兼子は東京音楽学校二年、本格的に声楽を始めたころで、宗悦は兼子に音楽会の感想などを熱心に書き送るなど、『白樺』と音楽が取り持つ縁であった。

図3-2　天神坂（坂の左）三樹荘（右）嘉納別荘

柳邸の庭には、三本の椎の巨木が聳え立ち、叔父の嘉納治五郎によって「三樹荘」と命名された。目の前に手賀沼を見下ろす、見晴らしのよい台地（天神山）の西南端にある。はじめ姉と母が住む筈だったこの家の間取りは、兼子によれば客間（十畳か十二畳）、その周りを幅一間の広縁がめぐり、次の部屋（長四畳）、書生部屋と玄関番の部屋（広さ不明）、母勝子の部屋（四畳半と三畳の二部屋）、女中部屋（四畳）、直枝子の居間と寝間（広さ不明）など新婚世帯には少し広すぎるほどで、隣の嘉納別荘の方が小さく見えたという(3)。

引っ越してすぐ、宗悦の人生に大きく関わる出会いがあった。

> 自分にとって新しく見出された喜びの他の一つをここに書き添えよう。それは磁器に現わされた型状美（Shape）だ。これは全く朝鮮の陶器から暗示を得た新しい驚愕だ。かつて何等の注意をも払わずかつ些細事と見なしてむしろ軽んじた陶器の型状が、自分が自然を見る大きな端緒になろうとは思いだにしなかつた。「事物の型状は無限だ」という一個の命題が明瞭に自分に意識された時この単純な真理は自分とって新しい神秘となった。その冷やかな土器に、人間の温み、高

貴、荘厳を読み得ようとは昨日まで夢みだにしなかった。(「我孫子から（通信一）」)[4]
それは、『白樺』の愛読者浅川伯教《のりたか》という青年が天神山を訪ねたことにはじまる。伯教は、朝鮮の美術工芸に憧れて朝鮮に渡り、小学校の教師をしながら李王家博物館通いと白磁蒐集などを行っていた。また、夏冬の休みには上京して新海竹太郎に彫刻を学んでいた。心酔するロダンの彫刻が宗悦の家に保管されていることを知って訪れたのである。そのとき土産に持参された李朝白磁「染付秋草文面取壺」を見て、宗悦が直感した「朝鮮の陶器から暗示を受けた新しい驚愕」こそ、生涯取り組むことになる「民芸運動」―名もない工人たちが作るすぐれた実用的工芸品を、民衆的工芸＝「民芸」と呼んで、その価値を広めた―その出発点となった。また、このようにすぐれた作品を生み出した朝鮮の文化を高く評価することを通して、日本の植民地だった朝鮮の人々と深い交わりを築くことになるのだが、それには伯教とその弟巧（朝鮮総督府の林業試験場に勤務）の浅川兄弟が大きな役割を果すことになる。[5]

志賀直哉・康子夫妻（一九一五年九月～二三年三月）

志賀直哉（一八八三～一九七一）は、生涯に二三回引越しをしたという。そのうち一〇回が大正初めの四年間に集中していたので、「志賀直哉の放浪時代」と言う人もいた。[6]大正初め、直哉は父直温《なおはる》との不和が高じて家を出て自活生活に入り（一九一二年一〇月）、尾道（一二年十一月～一三年十一月）、この間、山の手線（環状線化の前）に轢かれて重傷を負い、傷の養生に城崎温泉を訪れた。一四年一月東京府下大井町に移り、京都・大阪・城崎などを経て同年五月松江に赴き八月までここに居住する。九月中旬京都に移り、一二月東京の武者小路家で、実篤の従妹（実篤の母秋子《なるこ》の弟＝子爵勘《か》解由小路資承《でのこうじすけこと》の娘）で前夫と死別した康子《さだこ》（一八八九年～一九八〇）と結婚、京都衣笠で新婚生活を送り、ここで志賀本家戸籍を離籍して新たに一家を創設する。一五年五月鎌倉雪の下に移ったが、その一週間後赤城山猪谷旅館に宿泊し、宿の主人猪谷六合雄《いがやくにお》に依頼して山小屋を建て夏の間ここで過ごした。

　志賀を我孫子に誘ったのは、柳宗悦である。一五年六月、赤城山滞在中の志賀を訪ね、一緒に舟遊びをしながら「我孫子にいい売家があるから買わないか」と誘った。志賀は妻にも相談せず「即答で決めてしまった」[7]という。赤城の山小屋を建てたばかりだった。

　売主との交渉や登記、金の算段など実務はすべて柳が手配した。さらに生活に必要な井戸掘りの手配などまで柳が引き受けている。それらをいちいち細かに志賀に報告し、志賀は電報や手紙で返答するというかたちになった。七月上旬志賀は最終決断を柳に電報で知らせてきた。それを受けて、柳の七月一六日の手紙には、電報を受けとった日に、売主との交渉が即刻まとまったこと、売主は一七〇〇円でなければと言うのを一五八〇円までまけさせたこと、登記期日は七月二六日、登記所で金額と引きかえになるなどのことが記され、売主との間に地元の「飯泉さん」が入って交渉や登記などに当たってくれていることも記されている。同月二七日の手紙には、予定通り前日に登記が済み、代金の支払いも完了したことが記されていた。[8]「旧土地台帳」にも、一九一五年（大正四）七月二六日付で、雁明（緑二丁目）の山林一反二〇歩と宅地五〇七坪（合計八二七坪）の購入が記載されている。志賀邸―柳邸は、崖下沼畔の「ハケの道」経由で徒歩数分、すぐ近くであった。

図3-3　志賀邸立体模型（我孫子市教育委員会提供）

志賀の「年譜」（『志賀直哉全集』第二二巻岩波書店）一九一五年九月の項には、「赤城を去り、上高地、京都奈良を旅行。我孫子に住む柳宗悦にすすめられ、二十九日、同町弁天山（我孫子町雁明一九七五番地）に家を買って移る。間もなく三部屋建増しをする」とある。現在の住所は、我孫子市緑二丁目である。当初母屋は八畳、六畳、茶の間、玄関と上りの二畳、台所、土間、湯殿であったが、移って間もなく書斎や客間、女中部屋の三部屋を増築した。

ところで、志賀が買ったのは崖下の沼畔だが、「ハケ道」からは少し小高い部分にあった。実は志賀から前述の最終決断の電報の後第二の電報が来て、契約直前に浮上したもう一つの候補地（崖上の畑）の方にしたいと言ってきたが、すでに契約が済んでいて、志賀がまだその土地を見ていなかったので、柳は契約通りにするように説得したという。志賀は、我孫子に来て二年目に崖上の山林九畝二二歩と畑二反七畝一歩（合計一一〇二坪）を買い増し、そこに「二階家」と呼んだ書斎を建てた。さらに二一年には、母屋東側にも離れの書斎を作った。我孫子志賀邸の間取りは、柳の志賀宛のはがき（一五年八月一八日）に描かれた購入時のスケッチと増築後志賀の書いた平面図（「我孫子雁明旧居図　大正四年十月より大正十二年三月まで住む」との裏書あり）が残されている（図3―3は白樺文学館作成の立体模型）。別棟の二つの書斎は、柳の書斎同様、地元の大工佐藤鷹蔵、「鷹大工」作といわれる。現在、崖下の離れの書斎だけが志賀邸跡地に移築修復されている。(9)

志賀夫妻の弁天山での生活が始まったのは結婚一〇か月のころ、直哉三二歳、康子二六歳。ここで長女慧子（一六年六月出生）、二女留女子（一七年七月出生）、長男直康（一九年六月出生）、三女寿々子（二〇年五月出生）、四女万亀子（二二年一月出生）の一男四女をもうけたが、長女と長男は夭折した。我孫子には、関東大震災の年、一九二三年（大正一二年）の三月二日までの約七年半を過ごした。

武者小路実篤・房子夫妻（一九一六年一二月～一八年九月）

我孫子に来て志賀の「放浪癖」が収まったわけではなかった。一年も経たないうちに、「住んでみると、あまりに淋しいので厭になって来た。つまり退屈するのだ。翌年早速京都に移ろうと考えていたが、妙なことでそれが行けなくなった」と。「妙なこと」とは何か、それには志賀が、我孫子に来て間もなく、「沼を見下し、遠くなどの眺められる岡になった松林を、安いので千四五百坪程買って置いた」という土地が関係していた。(10)

武者小路実篤（一八八五～一九七六）は、一九一六年（大正五）八月、右肩の痛みが続くので診察を受けると、右肺の上が冒されていると診断された。しかしその翌日は、長女慧子を亡くした志賀夫妻を慰めるために我孫子に行く予定が決まっていた。迷った末、妻房子と一緒に出かけた。そのとき結核療養のための転地の話になり、志賀は自分の土地を提供してもよいと案内したのが、前述の土地であった。実篤はそこに家を建てて療養しようという気になり、帰京後に誤診と判明しても、我孫子移転の意志は変わらなかった。兄公共《きんとも》に三千円を出資してもらい、直ちに「新しい家」を建て、そこに移ったのである。(11)『白樺』一七年二月号に、「去年の十二月二十日、我孫子（根戸）に予定通り引っ越した。しかしまだ予定通りの勉強が出来ずにいる。身体には随分よさそうに思う。仕事の方にもよきことをのぞんでいる」と書いた。それが志賀の放浪癖をストップさせ、白樺派三人が手賀沼・我孫子に集うことになる「妙なこと」の顛末であった。

実篤は、一九一三年二月福井出身の竹尾房子（一八九二―一九九〇）と結婚、しかし披露宴などは行わなかった。ふたりに実子はなかったが、志賀と再婚することになった従妹康子の前夫との娘喜久子を養女とした。手賀沼畔でのくらしは、日向の新しき村へ出発するまでのわずか一年一〇カ月、三人のなかでは最も短かった。

武者小路は自分の住所を「我孫子」と称したが、志賀の購入した土地は、東葛飾郡富勢村根戸字船戸の山林五反九畝九歩（一七七九坪）、日付は一九一六年（大正五）四月一〇日である。字船戸は我孫子町の西隣、最寄駅我孫子駅まで徒歩二、三〇分、現在は我孫子市船戸二丁目である。志賀や柳との往来は歩いても三〇分前後だが、手賀沼を舟で往来することもよくあった。

引っ越して間もなく、武者小路は出版社の手を借りず自らの手で、自著の「刊行会」をつくり、毎月三〇銭の会費で購読者を募り、原則として『白樺』や単行本に掲載されていない作品を一冊ずつ配本するという計画をたて、一九一七年四月から約一年間に八冊が届けられた。この「我孫子刊行会本」

図3-4（左）我孫子の家
（武者小路実篤『AとB』）
人物 左 武者小路、右 志賀

（下）武者小路房子の語る
我孫子の家の間取図
（品田制子「妻が見た
『白樺派』の我孫子生活」）

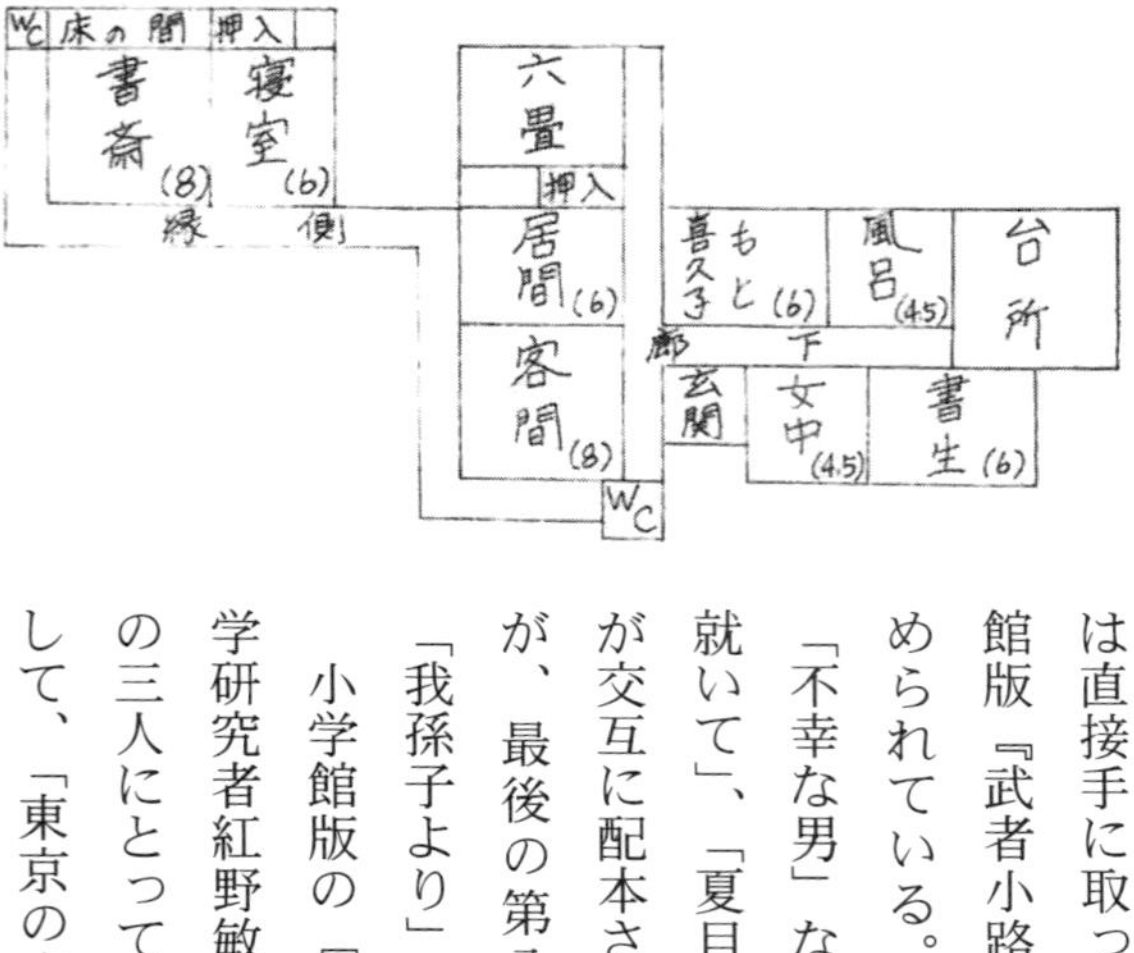

は直接手に取って見るのは難しいが、小学館版『武者小路実篤全集』第三巻にほぼ収められている。第六集まで「日本武尊」、「不幸な男」など創作集と「トルストイに就いて」、「夏目さんの手紙」などの雑感集が交互に配本され、第七・八集は雑感集だが、最後の第八集は、「雑感集」でなく「我孫子より」と題されている。

小学館版の『全集』にも関わった近代文学研究者紅野敏郎は、我孫子時代が白樺派の三人にとって第二の飛躍の場であったとして、「東京の文壇とは若干の距離がとれるし、彼ら仲間のゆききは『白樺』特有の『友達耽溺《たんでき》』の復活であった。しかしかつてのような昂揚のみでなく、落ち着いて、静かな、自己を凝視する時を持つ『友達耽溺』でもあった。武者小路や志賀や柳らにもし我孫子時代がなかったならば、どのように向きを変えていったのであろうか。我孫子時代があったが故に、彼らの真の自己充実、つぎに向かっての充電ができたのである」と述べている。武者小路の『我孫子刊行会本』についても、「このように読者との直接交流をめざした手づくりの本として、武者小路自身の体全体の喜びの表情がうかがえると同時に、次の飛躍と持続を固めさせた有効な試みだった」[12]と評価した。その結果、第八集を出した一九一八年五月から間を置かずに「新しき村」へ「飛躍」を加速させることができたのかもしれない。

ところで、「我孫子の家」について、武者小路房子は、「私が設計して建てたからね。自分で設計したり…家を建てるのが好きなのよ、初めてだからね…それまで小ちゃい借家ばかりだから…」と、一九八八年晩夏、我孫子から日向の「新しき村」に房子を訪ねた品田制子氏に答えている。[13]ときに房子九七歳。実篤もその著『或る男』に、房子が「新しい家」を建てるのを喜んで、何枚も何枚も図面を書いていたこと、それに対し自分の仕事は予算の関係で建坪を減らすことだけだったが、書斎だけは南と東が開いている明るい部屋を注文したと述べている。武者小路家が我孫子を去ってしばらくして、人手に移り、家も建て替えられたが、庭や建物には当時の雰囲気が残されており、また隣接する船戸の森も緑豊かに残っている。普段屋敷跡に入ることはできないが、近年は臨時に公開されることもある。

房子は「新しき村」に入ってから、実篤と離婚、その後そこで活動していた杉山正雄と再婚した。一九三九年（昭和一四）国策のダム建設で村の三分の一が湖底に沈み、村の主力は埼玉県毛呂山町に移ったが、房子夫婦ともう一家族だけ残り、日向の「新しき村」を守り続け、杉山は一九八三年八〇歳で、房子は、品田氏が訪れた翌八九年に亡くなった。[14]

2　我孫子時代――三人が次の時代に引き継いだもの

柳宗悦・兼子――民芸運動へ

宗悦は転居後間もなく、庭の先端の一段下がった場所に、離れの書斎を建てた。大工は「鷹大工」佐藤鷹蔵、後にもしばしば出て来る本別荘史には欠かせない人物である。書斎内部の様子は、バーナード・リーチ（後述）のエッチングに描かれている。そこにはランプも見える。大正時代の手賀沼畔の別荘は、まだ電灯はなくランプ生活であった。しかしこれも自然と向き合うにはかえって好条件だったに違いない。

一九二一年（大正一〇）三月、柳宗悦は我孫子を去るにあたって次のような感想を述べている。

思想の暗示やその発展に、自分はどれだけこの我孫子の自然や生活に負うた事であろう。静かなもの寂しい沼の景色は、自分の東洋の血に適い、又東洋の思想を育てるに応しかったと自分は思う。余の思索に何か静かな一面があるなら、余はそれを主として我孫子の七年間に負うていると思う。余はどこに行っても自身の書斎を愛している。しかし中でも自ら計画して、よい形とよい装置とを択んだ我孫子の書斎を余は愛している。余はその中で殆ど大部分の時を過ごした。余は終日そこに居る事に倦まない。余の愛し慕う本に触れる事が出来る。レオナルドーやレムブラントやブレークや法隆寺の阿弥陀が壁にかかっている。余の友達である朝鮮の磁器や又宋窯が窓の前に置かれている。リーチは英国に帰っても、彼のデッサンが余に話しかける。自由に思いかつ書くわざが余に許されている。余は住みなれたその室に別れるのをつらく思う。夜な夜な字を照らしてくれたランプも余の親しい友達の一人だ。それも東京に一緒に行きたいと言っている様に思う。（「我孫子から」『白樺』一九二一年四月。前掲『柳宗悦全集』第一巻）

と記し、手賀沼の自然から得たものがいかに大きかったかを語っている。と同時に「静」なる手賀沼の自然は、宗悦に「動」をも導き出すものでもあった。

一九一九年三月一日、日本の併合に抵抗して退位させられた李王朝第二六代皇帝高宗の葬儀の日、天道教・キリスト教・仏教の三宗教の指導者らが署名した独立宣言文がソウルのパゴダ公園に集まった民衆の前で読み上げられ、それをきっかけに「独立万歳」を叫んで決起した民衆の運動が朝鮮全土に広がった。これを暴動とみる日本政府は軍隊を派遣して、日本側の発表でも死者七千五百名余り、実際はその数倍と推定される徹底した弾圧を加えた。しかし、国内の日本人の反応は鈍く、朝鮮の人々を弁護する声は起こらなかった。

わずかに声を挙げた日本人に柳夫妻がいた。宗悦は、五月二〇日から読売新聞に、「朝鮮人を想ふ」と題して五回連載、「吾々とその隣人との間に永遠の平和を求めようとなれば、吾々の心を愛に浄め、同情に温めるよりほかに道はない。しかし日本は不幸にも刃を加え罵りを与えた。これが果たして相互の理解を生み、協力を果し、結合を全くするであろうか。否、朝鮮の全民が骨身に感じる所は限りない怨恨である。反抗である。憎悪である。分離である。独立が彼等の理想となるのは必然的な結果であろう。」と訴えた。さらに翌年五月、柳夫妻はバーナード・リーチと朝鮮を訪れ、兼子の独唱会と宗悦の講演会をおこなって朝鮮の人々を励まし、その翌六月の『改造』に「朝鮮の友に贈る書」を執筆、その主要部分すべてが検閲で削除されるという圧力を受けたが、それにひるむことなく、二人は支援をつづけ、一九二六年（大正一五）四月の朝鮮民族美術館開館という大きな成果を導き出した。

一九二一年、宗悦は我孫子を去る直前の『白樺』一月号に、「朝鮮民族美術館の設立に就て」を発表、これは前年の暮、我孫子を訪れた浅川兄弟の弟巧と練っていた計画を公表したものである。

一国の人情を解そうとするなら、その芸術を訪ねるのが最もいいと私は常に考えている。日鮮の関係が迫ってきた今日、私はこの事を更に意識せざるを得ないでいる。あの想いに沈む美しい弥勒の像や、あの淋しげな線に流れている高麗の磁器を見る者は、どうして民族に冷かでいられよう。もしよくその芸術が理解されたなら、日本はいつも温い朝鮮の友となる事が出来るであろう。芸術はいつも国境を越え、心の差別を越える。私は私の所有する作品を凡《すべ》ての人々の所有にしたい。美に心が没する時、争いの情がどこにあろう。私は朝鮮の芸術を、もっと人々に近づけねばならない任務を感じている。私は日本の感情が芸術に対しては、特に敏鋭であるのを知りぬいている。私は朝鮮の民族のあの優れた作品が、私達の心に深く交る日の来る事を少しも疑わない。そうしてその作者としての民族が、吾々の心の友となる事をも疑わない。私はこの希望と信念とを果す為に、「朝鮮民族美術館」の設立を遂に計画した　（前掲『柳宗悦全集』第六巻所収）

と宣言し、その美術館は東京でなく京城の地に建てること、集める作品は主として李朝期の作品であるとして、その地に生まれ出たものは、その地に帰るのが自然で、それらの作品は、朝鮮の家屋に納めたいとも述べている。

柳の手賀沼畔時代の「動」は、我孫子に来てすぐ出会った李朝の白磁に導かれた植民地朝鮮における文化の運動であり、芸術の運動であったが、同時に民衆の運動、民族の運動への連帯の表明でもあった。しかもそれらは、やがてはっきりと姿を現すことになる日本における民芸運動へとつながっていくものであったのである。

また、ここで忘れてはならないのは、このとき柳兼子が宗悦と連名で「吾々は朝鮮の人々が芸術的感性に優れている事をその歴史によって知っています。吾々は隣邦の人々に対する兼々の信頼と情愛とのしるしに今度渡鮮して音楽会を開きその会を朝鮮の人々に捧げるつもりです」と『音楽会』趣意書」（前掲『柳宗悦全集』第六巻所収）に記し、「音楽会」を通して積極的に朝鮮の人々との交流を繰り返し、美術館建設にも大きく貢献したことである。

こうした柳宗悦と兼子の、世界の人々がそれぞれの民族の文化や芸術の多様性を認めあい、連帯して平和を求めていく、という考え方は、いまのわれわれにとって学ぶことの多いものであると思う。

武者小路実篤・房子――「新しき村」へ

武者小路実篤が我孫子にとどまったのはわずか一年一〇カ月、しかしそれは時間の長短で計れるものではなかった。我孫子は、「新しき村」の構想を確実なものにし、そこから全国に呼びかけ、日向の児湯郡木城村《きじょうむら》に建設する「新しき村」、そして現代まで続く「新しき村」の出発地であったからである。

その「新しき村」とは何だったのか。武者小路実篤と「新しき村」の長年の研究者大津山国夫は、新しき村の提唱には武者小路の三つの願いが込められていたという。《》内は小林の補足

一つは、「彼自身による生活改造」という願い――人は自ら生存するために労働を分担する義務を背

負っているが、自分は他人の労働に寄生して生活しているという負い目から逃れることができなかった。自らそのような生活を改造して自分自身を救済しようという願いである《武者小路家は代々歌道をもって朝廷に仕えた公家で、明治維新後華族（子爵）という特権的身分を得た。しかし、父常世は末子実篤二歳のとき肺結核で逝去、兄公共が五歳で家督を相続した。公共は東京帝大法科卒業後、外務省に入り外交官として一九三三年トルコ大使、三四年ドイツ大使などを務めた》。

二つめは、「小さくてもいいから自他共生の社会を創造して、自分もそのなかに生きたい」という願い―小さくても集団の力を合わせて、集団も集団の一人一人もみな人間らしく生きていくことのできる、兄弟のような、また最も民主的な社会の実現を願った。

三つめは、「共生社会のおのずからなる影響力によって理想国家を創造しようという、国家改造、経世済民」という願い―（暴力によらない、共生社会の影響力によってその願いを実現して）日本を、ひいては世界を友愛の楽園でうずめたい、という壮大な夢であった。

「これらの願いが一つに交わる場所が新しき村であった」というのである。(15)

「新しき村」の構想と計画が『白樺』や『大阪毎日新聞』に公表されたのは、計画実行の直前、我孫子時代最終盤の一九一八年（大正七）五月から七月にかけてであったが、その執筆はこの年の三月下旬から始まった。計画が公表されると、賛同者が現われ、六月五日東京で最初の集会が開かれ、七月には機関紙『新しき村』が創刊された。また計画に賛同した会員は、第一種会員（村に住み働く村内会員）・第二種会員（村外から村を援助する村外会員）の二種の会員制をとることになり、村内会員は人数に制限があったが、村外会員には制限はなく数百人に増えていった。さらに「新しき村」の候補地選定が進められ、七月中旬に宮崎が第一候補地に絞られたが、具体的な土地選定のため、武者小路ら会員数名が先発隊として宮崎へ向けて九月二十三日東京を出発した。

それに先立って九月十五日には「我孫子」の武者小路邸で送別会が開かれた。当日の写真には、大人五四人、子ども四人が写っている。我孫子の武者小路夫妻と娘の喜久子、木村荘太夫妻、川島伝吉と東京の本部、東京・浜松・信州など支部の会員、『白樺』関係の長与善郎夫妻、柳宗悦、児島喜久雄、犬養健、志賀康子、岸田劉生夫妻と娘麗子などの顔が見える。志賀直哉は背骨を傷めていて出席できなかった。(16)

ここで「新しき村」の歴史を述べる余裕はないが、この時期の武者小路実篤と中国青年との交流について述べておきたい。一四年七月第一次世界大戦が勃発、翌月日本も参戦すると、武者小路は『白樺』の衛星誌『エゴ』同年九月号に「また戦争か」という感想文を載せた。さらにヨーロッパの戦況が激しくなると、実篤は一五年三月〜一一月『白樺』に戦争反対を訴える長編戯曲『或る青年の夢』を連載、我孫子在住の一六年一月単行本として刊行したが、悪評や反発の方が大きかった。

こうしたなか中国で、魯迅（周樹人）の弟周作人は啓蒙的雑誌『新青年』一九一八年五月号に『或る青年の夢』を読む」の一文を載せ、これを見た魯迅はこの戯曲を読み、感銘をうけて翌年翻訳に着手、一九二一年『一個青年的夢』として刊行された。その序文「与支那未知的友人」は実篤が書き送ったものを中国語に訳したもので、「世の中に戦争のある限り、誰かが『ある青年の夢』を想いだすであろうと私は信じます（略）この中には私の真心がこめられています。もしこの真心が貴国の青年の真心と触れあえれば幸せです」などと記されている。魯迅の翻訳は最初北京の『国民広報』に連載されていたが発行禁止となり、『新青年』に転載されたが、このときも嫌がらせがあったという。

彼ら兄弟には日本への留学経験があった。清末期、近代化を急ぎ、多くの中国人留学生が日本に派遣されたが、最も早く最も多くの留学生を受け入れたのは、嘉納治五郎創設の宏文学院（亦楽書院→弘文学院→宏文学院と名称変更）であった。魯迅は一九〇二年弘文学院で学び、卒業後仙台医学専門学校（東北大学医学部）で学んだ。魯迅は日本に来て旧体制の象徴であった辮髪《べんぱつ》を切り落とした。『新青年』を主宰した陳独秀も弘文学院に在籍した。その後周作人も留学生として来日している。

周作人は一九一九年、『新青年』に「新しき村」の紹介文を書き、日向の「新しき村」や東京の支部を訪れ、帰国後北京に「新しき村北京支部」を創設した。周作人に限らず新しい社会を模索していた中国の青年たちにとって、「協働・共生」の理想社会の実現を模索して奮闘している「新しき村」の実験は、注目に値し、共鳴できる点が多かったのかもしれない。このように武者小路実篤の文学や「新しき村」の試みが日中間の文学や思想的交流に深く関わっていたことは興味深い(17)。

志賀直哉―『暗夜行路』への道

志賀の抱えていた問題とは、一つは、我孫子に来る前の年一九一四年一月に「児を盗む話」（『白樺』第五巻第四号）を書いて以降、極端なスランプに陥っていたことであった。その原因の一つと考えられるのは、前年一三年の暮に夏目漱石から『東京朝日新聞』の連載小説を書くことを勧められ、書き始めたが思うように筆が進まず、執筆辞退という結果となり、漱石への精神的な重荷を抱え込んでしまったことである。漱石は一九〇七年東京帝大教授への椅子を投げ捨てて朝日新聞に入社、自ら

「虞美人草」を皮切りにつぎつぎ代表作を連載、「朝日の連載小説」の価値を高め、また文芸欄の担当者として期待する新人作家にも発表の場を与えた。すでに長塚節「土」、中勘助「銀の匙」をはじめ、永井荷風、森田草平、武者小路実篤などが発表、志賀も期待の一人であった。繊細な志賀は、そうした漱石の期待に対するプレッシャーや新聞小説という不慣れな発表形態に戸惑ったのではないだろうか。

スランプは丸三年つづき、「沈黙」の時期といわれた。それが我孫子に来て一年あまり、スランプ脱出の転機を迎える。志賀晩年の弟子といわれる阿川弘之は、その契機を一九一六（大正五）一二月漱石の死とその直後の親友武者小路の手賀沼畔転居をあげ、漱石の死を哀悼しつつもその心理的束縛より解放され、また前向きで楽観的な武者小路との昔のような行き来が創作意欲を刺激したとしている。それを裏付けるように、その翌年四月執筆で、志賀復活第一作とされる「佐々木の場合」は、漱石に捧げられた(18)。その後、周知の通り、「城の崎にて」、「大津順吉」、「好人物の夫婦」、「赤西蠣太の恋」を一気に完成させ、さらに「和解」、「十一月三日午後の事」、「流行感冒」、「小僧の神様」、「謙作の追憶」、「或る男、其姉の死」、「雪の日」、「焚火」、「真鶴」などの短編、そして長編の代表作「暗夜行路」の連載、前編を完結させるとすぐに後編の執筆にとりかかるなど、寡作の志賀がつぎつぎとすぐれた作品を発表しつづけたのである。阿川は、「志賀直哉が小説家として、生涯もっとも仕事に打ち込んだ時期」は、「我孫子を去る大正十二年春までの六年間」だと記している(19)。

もう一つの問題は、足尾の鉱毒現場視察をめぐる衝突以来長年つづいた父直温との不和確執の問題であった。父との不和には、それに至る背景があった。父の遠方勤務が重なり祖父母に育てられるという父と疎遠だった幼少期、中等科に入る直前の母の死去、父の再婚、異母弟妹の誕生など、少年期から青年期への複雑な心理的葛藤を生じる契機があった。そのためか、中等科最初の六年（一八歳、この学年落第）の一九〇一年（明治三四）七月、キリスト者内村鑑三のもとに通いはじめた。同年一一月に鉱毒地視察問題での衝突が起こった。それには志賀家と足尾銅山との関係が絡んでいた。維新後、祖父直道は、志賀家が代々仕えた旧藩主相馬家の家令となり、古河市兵衛とともに足尾銅山の開発に従い主家の財政立て直しに尽力した。ところが、銅の生産拡大とともに渡良瀬川・利根川流域の農地の鉱毒被害は甚大となり、被害農民や支援者の運動が激しさを増していった。直哉も現地に行って自分の目で確かめたいと父に許可を求めたが、強く反対され、行くことができなかった。田中正造が議員辞職して天皇に直訴したのは、その直後だった。父との不和と心の葛藤は、その後女中「C」との結婚問題、各地への「放浪」、康子との結婚をめぐる対立、実家からの離籍とつづいた。

我孫子二年目の一九一六年六月、長女慧子が誕生したが、翌月末腸捻転のため我孫子の回春堂医院で亡くなる。その翌年七月二女留女子の出生。その死と誕生、それは父との和解の直接的な契機となったともいえる。直哉は、その喜びと興奮から百五十枚の「和解」を半月で書き上げた。[20]

我孫子に長く住み、近年亡くなった作家で志賀の研究者坂上弘も、「我孫子時代は志賀直哉の最も収穫のあった時期」だと述べ、「我孫子時代は、大津順吉が時任謙作になって行く時代というふうにもいえる。我孫子時代に書かれた『謙作の追憶』は、時任謙作を祖父と母の不義の子であるとする私小説家としては大胆な仮構をこころみた記念すべき作品である。この作品の前の、それは書いたというよりはまるで他力によって書かされたといってよい『和解』では、主人公を作中で謙作ではなく、まだ順吉とよばせている。他の作中人物が、死んで行く赤子も含めて実名で書かれているのに、主人公だけに小説の名前が与えられているのは、面白い。『和解』は直哉の頭の中では、大津順吉の和解であったことを示したものだ」と述べている。[21] すなわち「順吉」は不和、葛藤時代の直哉、生涯の代表作『暗夜行路』の主人公「謙作」は、父を客観的に見ることができるように成長し、スランプも克服して充実した創作活動のなかで自己表現できるようになった直哉、ということもできるのだろう。坂上の言葉通り、直哉の我孫子時代とは、「順吉」が「謙作」になっていく時代だったのである。

ところで、「和解」のほか、我孫子での出来事を描いた「十一月三日午後の事」、「流行感冒」、「雪の日」、「雪の日の遠足」などの作品があるが、紙幅の関係もあり、またその優れた分析もあるので、ぜひそちらを見ていただきたい。[22]

里見弴の我孫子別荘地

白樺派の里見弴（本名山内英夫一八八八―一九八三）は、我孫子新田多美喜の畑八畝二歩と郡村宅地八畝二二歩、雁明の畑？八畝一七歩を一九一六年（大正五）二月に購入した。志賀を慕い、親しい交友関係にあった里見が、志賀を追って我孫子に別荘を設けようとしたのは肯ける。ところがある出来事がそれを阻んだ。

志賀によれば、それは一九一六年七月号の『中央公論』に掲載された里見の「善心悪心」という小説を、東京から我孫子へ帰る汽車の中で読み、志賀をモデルにした主人公の描かれ方、すなわち里見

図3–5 （右）我孫子の窯とバーナード・リーチ（式場隆三郎編『バーナード・リーチ』）（左）手賀沼公園のバーナード・リーチ碑

の自分への見方に腹を立てて、汽車の窓からその雑誌を田圃に投げ捨て、直ぐに郵便局の備え付けの筆で葉書に「汝汚らはしき者よ」と大書して投函、それでも怒りがおさまらず、里見に貰ったものすべてを壊して掃きだめに捨ててしまったという[23]。これが志賀の我孫子を離れた一九二三年まで続いた志賀・里見絶交事件の真相のようである。この事件によって里見が我孫子に来ることはなくなったのである。この別荘地の行方は次章二節につづく。

3　三人に誘われて手賀沼に集まった人たち

柳↓バーナード・リーチ

柳宗悦が英人バーナード・リーチ（一八八七～一九七九）と出会ったのは、一九〇九年（明治四二）四月来日したリーチが東京上野桜木町の自宅で開いていたエッチング教室の実演を、同年九月に志賀、武者小路らと見学したときのことだった。西欧文化への強い関心と語学力にもすぐれた柳は、リーチのエッチング

について の論文を翻訳して『白樺』に掲載、白樺主催の版画展やブレークについて意見を交換するなど、親交を深め、互に影響し合う関係を築いていった。

一方、リーチが陶芸に関心を持ったのは、ある会合で楽焼の絵付けをしたのがきっかけで、六世尾形乾山（浦野繁吉）のもとに頻繁に通って作陶に励み、自宅に窯を持つようにもなったが、考えるところがあって、一九一五年（大正四）、三十一歳の夏中国に移住し、作陶からも離れた。

しかし、翌年九月柳宗悦と北京で再会、柳の助言によって日本に戻り、一九一七年春、柳の自宅（三樹荘）の傍らに、尾形乾山から窯と道具を譲り受けて、自らが考案した「和漢洋を交えた美しい小さな仕事場」を建て、一週間に四日は柳邸に滞在してすぐれた作品をつぎつぎと制作し（図3―5右）、神田の流逸荘画廊で個展も開いた。我孫子には武者小路が来たのと同じ時期で、志賀や武者小路など白樺派の人々との交流も盛んにおこなわれ、雑誌『白樺』の装丁なども手がけ、また地元の大工佐藤鷹蔵の手になるリーチ設計の野外用の円卓と椅子なども制作された。我孫子でのこのような交流によって、リーチは、「東西文化の結婚」という思想を強めていったのではないかと思われる。

ところが、その仕事場が一九年五月突然の火災により焼失してしまった。ちなみにその日は、濱田庄司が我孫子窯を訪れた夜の出来事であった。リーチは来日以来、富本憲吉、濱田庄司、少し遅れて河井寛次郎など若き陶芸家と親しく交友した。彼らはまた柳の民芸運動の創始にも大きな役割を果たすことになる。

火災後、黒田清輝が救いの手を差し伸べ、リーチは新しい仕事場を麻布の黒田邸内に得、我孫子窯も移築され、専属の職人も用意されるというなかで制作に励んだ。翌一九二〇年（大正九）、リーチは濱田庄司を伴ってイギリスに帰国し、コーンウォール州のセント・アイヴスに三室からなる連房式登窯を築き、数名の助手を従えて制作した。その一方、一九三〇年代にはリーチのもう一つの窯場をデヴォン州のダーティントンに築き、ここでは我孫子時代のような単独制作も行った。[24]

リーチは『自伝』のなかで、我孫子に窯を設けた年を「おそらく私の生涯で最も幸福だった年が始まった」と記し、三樹荘での人々との交流のさまを「二つの半球の結婚の前触れであった」とも記した。一九七四年、我孫子の手賀沼公園に地元の小熊勝夫とロータリークラブが中心となって建てられたのが、バーナード・リーチ碑である（図3―5）。六五年日英文化交流の功績から勲二等瑞宝章受章のため来日したリーチと直接話し合い、リーチの希望で托鉢僧の絵を刻んで作られたという。[25]

武者小路↓金子洋文

武者小路邸の庭で撮られた志賀・武者・柳とその家族を中心に撮られた写真が「我孫子市ゆかりの文化人」の碑におさめられている（図3―1）。向かって左隅に三人と比べると小柄に見える青年が写っている。それが金子洋文である。しかし、金子について知る人はあまり多くはない。

金子洋文（一八九四～一九八五）は、秋田県南秋田郡土崎港町（秋田市）に生まれ、生家は廻船付船問屋だったが、経営の失敗や鉄道開通の影響を受けて、父の代で雑貨業に転じた。土崎尋常高等小学校で、同級生に小牧近江（本名近江谷こまき）や今野賢三がいた。彼らは担任教師橋本富治の人道的自由主義教育の影響を受けた。金子は高等科卒業後一時上京、住み込みで働いたが帰郷、秋田県立工業学校機械科に入り、一三年（大正二）卒業とともに母校土崎小学校の代用教員となった。このとき雑誌『白樺』を愛読、武者小路実篤の戯曲「或る青年の夢」の反戦思想に感動した。一六年一〇月再上京して日本評論社の記者となったが、翌年一月武者小路実篤を慕って我孫子の「新しい家」に半年ほど書生としてみ込み、のちにその思い出を次のように記している。金子二二、三歳のときである。

家族は武者さん、奥さん、喜久子お嬢さん、女中べんと私の五人。（中略）文学青年にとって、自分の尊敬する作家の家に起臥することは嬉しいものだ。ことに仕事が少なく、自分の室があって、夜でも昼でも創作に耽ることができるのであるから、私の喜びと夢は大きかった。武者さんが破竹の勢いで文壇へ出た頃で、近くに志賀直哉、柳宗悦の両氏が住んでいた、長与善郎、岸田劉生、小泉鉄氏等の白樺同人がたえず訪ねてくるし、文壇の諸星や編集者の往来もひんぱんであり、毎日の生活がすべて文学、芸術とつながっていたので、政治青年は次第に文学青年に解消する過程をたどった。

我孫子生活はわずかに半年にすぎなかったが、私の生涯にとって忘れがたい幸福な期間であり、高貴な文学精神をむさぼるように吸収し学び得た生活だった。ここにいる間、一度も貧富の差や階級の差別を感じなかった。平等であり、自由であり、しかも人間関係の温かさにあふれていた。（中略）我孫子を去った半年後には、私は天国から地獄に落ちた自分を発見したが、一たん影をひそめた政治青年が、文学の体温をうけついで新しく生まれるまでには、約四、五年の歳月を経ている。[26]

金子は、武者小路邸を去った後、一九二〇年二月郷里土崎港町で、同級生でフランス帰りの小牧近江や今野賢三らと日本のプロレタリア文学運動の先駆けとなる雑誌『種蒔く人』――ミレーの絵を表紙に―を創刊、同年一〇月には同人の範囲を広げ、東京に本拠を移した。その翌年九月に種蒔く人社から発行された〈人と思想叢書〉第一巻が金子の『生ける武者小路実篤』であった。金子は、「愛に充ちた楽園」（武者さんの家）との決別について、「私は実に悲しかった、しかし、今自分はこの離別に大きな感謝を捧げているものだ。私は遂に私に帰った、新しき出発点に立ったのだ、氏と私の目ざす目的は同じだ、愛と自由と労働の世界（あゝ第三インターナショナル）、しかも二人は別々の途を進む人類の戦士だ、彼は神に行く、自分は〇〇《伏字は「革命」か》に行く、二人は敵であるか味方であるか知らない、しかし自分は武者小路実篤の名をいつまでも尊敬するものだ、彼は世界の人だ」とその序文を締めくくった。

リーダー格の小牧はフランス留学中、第一次世界大戦が勃発、反戦平和に目覚め、小説家アンリ・バルビュス提唱のクラルテ（光明の意）運動―ロマン・ロラン、ゴーリキ、アインシュタイン、バートランド・ラッセル、タゴールなどの世界の文学者、思想家が参加、知識、芸術、理性を用いた反戦・平和を実現する運動―に大きな影響を受け、クラルテ団に入団した。そのようなときにたまたま読んだ武者小路の戯曲「或る青年の夢」に感激、フランス語に抄訳したところ、フランスの友人たちも感激したという。小牧は帰国後、日向の「新しき村」を訪ねた。[27] 今野賢三は有島武郎に大きな影響を受け、『種蒔く人』には加わっていないが小林多喜二が志賀直哉に影響を受けたことは第二章で述べた。このように白樺派は初期のプロレタリア文学にも大きな影響を与えていたことがうかがえる。有島も『種蒔く人』の運動資金として梅原龍三郎の「裸婦」を寄付、武者小路は『種蒔く人』第三号に「戦争はよくない」という詩を寄稿したが、この「非軍国主義号」は即日発禁となった。[28]

金子は『種蒔く人』の後継誌『文芸戦線』などでも中心的役割を担い、普通選挙施行後総選挙に無産党から立候補したが落選した。この時期金子は、戯曲、脚色、演出などにも力を注ぎ、「浪人の群れ」（新国劇）などの自作、夏目漱石「吾輩は猫である」（新劇）、大佛次郎「赤穂浪士」（新国劇）などの脚色に取り組んだ。しかし、天皇機関説事件など言論・思想への弾圧が激しさを増すなか、金子は東宝劇団の嘱託として演劇分野が主な活動の場となり、室生犀星「兄いもうと」、野村胡堂「銭形平次捕物控」など多数の上演に携わった。それは、戦後にも引き継がれ、亡くなるまで演劇活動に関わり、また第一回参議院選挙に社会党から立候補して当選、サンフランシスコ講和会議、パリ第七回ユネスコ総会に政府顧問として出席するなどの政治活動もつづけた（註26の年譜参照）。

志賀↓瀧井孝作

瀧井孝作（一八九四～一九八四）が初めて我孫子を訪れたのは、一九二〇年（大正九）二月、前月時事新報社を退社して、『改造』の記者となり、志賀直哉に挨拶に行ったときのことである。このとき志賀は留守で会えなかったが、「冷めたい霙《みぞれ》のふる日で傘傾けて田圃の路の上から手賀沼の枯葭に雪の溜《たま》るさま看て、絵のような水郷の景色に見惚れたりした」と初めて訪れた冬の手賀沼の印象を記している(29)。二度目の訪問で志賀は『改造』への執筆を引き受け、毎月我孫子を訪問するようになる。その年の一一月、芥川龍之介に誘われて浅草で

図3-6　瀧井孝作
（『瀧井孝作全集』）

「宝島」という映画を見たとき、別の席に一人で居た志賀が、休み時間にわざわざ瀧井のそばに来て「いま書きかけの『暗夜行路』を『改造』に出さないか」と言ってきた。翌年の新年号に、はじめの一二〇枚を一挙掲載、連載がはじまった。[30]

瀧井は、二一年三月『改造』の記者をやめ、創作活動に入り、同年八月に代表作『無限抱擁』の第二の章となる「竹内信一」を春陽堂の『新小説』に発表した。『無限抱擁』は、吉原の娼妓松子への恋、結婚、松子の病気そして死、その後を綴った私小説であるが、初めから順序立てて書かれた長編小説ではなかった。瀧井が作家生活に入ったとき、妻の松子は肺患で起きることができず、翌二二年二月に亡くなった。こうした状況を見かねて、志賀は瀧井を我孫子に誘った。我孫子で第三の章「無限抱擁」と第四の章「沼辺通信」が書かれ、第一の章「信一の恋」は京都に移ってからであった。単行本『無限抱擁』は、一九二七年（昭和二）に改造社から発行された。「無限抱擁」は、瀧井の造語で、「亡くなつた女のこと素材に小説書きつつ、無常感の夢幻泡影が頭に往来していたが、夢幻泡影は余りに空漠だから、無限抱擁という自己流の語にとりかえた」と述べ、[31]『無限抱擁の稿すみて』／「沼の鳰《にお》はかないをなご呼べどこず」の俳句を添えた。[32]瀧井は岩波文庫版の自序解説で「この作品は、筆者が自身の直接経験を一分一厘歪めずこしらえず写生したもので、つまり筆者自身がモデルなのであります」述べている。

我孫子の最初の住居について、瀧井は「日本画家児玉素行氏が、柳宗悦さんの引っ越しのあとに移ることになって、児玉氏のあとを借りたものであつた。沼べりの段段畑に連なる茅ぶきの一軒家で家賃二円といわれ、この草庵を仕事部屋にした」と述べている。のちに我孫子を訪れた瀧井は、小熊勝夫との対談の中で、それは「楚人冠の屋敷のすぐ下が田圃になって、こっちのほうが（三造の家の東側を指して）田圃をつぶしたところに一軒藁屋根が一軒あって、そこに初め借りて住んでいた。そこに三カ月ぐらいいたかな、夏・・・五月から八月ぐらいまでいたわけだな」と述べている。[33・34] 瀧井は、ここに八月までいて、第二章で述べたように、子の神の旧内山別荘に移って別荘番として我孫子を去る翌年四月までここで暮した。

ところで、瀧井の我孫子時代、武者小路、リーチも、そして柳も一年余り前に我孫子を離れ、志賀だけが残ったが、どのような人たちと、どのような交流をもったのだろうか。瀧井の「志賀さんの生活」の「三、我孫子にて・B」から引用してみたい。

志賀さんの茅ぶきの屋根のうしろの岡ジグザグに百歩ほど登った高台に、「二階の書斎」といわれて大正七年ごろに建てられて、三部屋ほどの平屋には橋本基君夫婦が住んで、若い橋本君は大正九年に、厳父の『橋本雅邦素画集』を編んで刊行した。この大冊は私も一部もらったが、雅邦の素描もよく、紙質も印刷も吟味され、本の装幀もよかった。橋本君は大正十年二月に春陽堂刊行の志賀さんの短編集『荒絹』の凝った装幀もした。また我孫子の子の神の方に、某別荘借りて洋画家の原田周平（京平）夫妻も居た。また、志賀さんに木ノ検と愛称された木下検二君も、東京からよくきて「二階の書斎」に泊りこんだ。また、志賀さんの義母上の甥の高橋勝也君も、柳宗悦邸あとの離れの書斎を借りて居て、東京からしばしば来た。また、我孫子の渡船場の手前から東の方に行くと、道端の沼に向いた二階家に中勘助さんが仮寓して、中さんは碁が好きで、私は前年の田端住居のころ、駒込の豊島與志雄・山本有三さんなどの所に出かけて、私が二目置いて碁を打ったので、我孫子の中さんの二階を訪ねたときも、私が二目置いて碁を打ったりした。我孫子は淋しい田舎だが、近所にこれらの仲間があって、往来してわりににぎやかであった。彼らの屋外スポーツを楽しむ姿もうかがえる。

七月のはじめから、私どもの草庵の北庭に、志賀さんの発意で、テザーボールという運動競技がはじまった。私は運動競技は初めてでめずらしかった。テザーボールは、丈余の立木柱の頂きから一筋の麻縄にゴムマリをつりさげて、二人が向い合ってラケットで麻縄のゴムマリを叩き合って、柱にゴムマリ繋ぎの麻縄を早く巻きつけた方が勝つ競技で、康子さんなどの女子学習院で行われた女学生のスポーツらしかったが・・・。草庵の北庭で、康子夫人も初めラケットを持たれたが、相手がはげしく荒っぽくてじきにやめられた。（中略）テザーボールは単調で、テニスがしたくなり、志賀さんは、『根戸の武車（武者小路）の庭でしたテニスの網《ネット》がうちの物置きにあるから』といわれ、テニスコートは、「二階の書斎」近くの畑を平地にして急にこしらえたが、本式のテニスコートでないから、跳ねまわると畑土の埃りがひどかった。草の上では角力もとった。

家の前の手賀沼に小舟を出して、水泳ぎもした。対岸の浅い方に行って蜆《しじみ》とりもした。私は艪は漕げるけれど、水棹は全くダメで、志賀さんひとり水棹を巧みに使って、根戸という以前に武者小路実篤さんの住居のあとの方に沼舟で行って、水路往復五キロ余りの水棹使いはえらかった。夏の手賀沼は、長い両岸に青葭が茂って、ヨシキリ雀が鳴き飛び、風の日は長い葭原が吹きうねり、柔らかいそして強い線が描かれた。夜分になると、沼の方は大方ひっそりして、水鳥の水鶏《くいな》の叩くといわれる啼音もコトコトコトコト、私の草庵にも聞こえた。

中勘助と「沼のほとり」

白樺派ではないが、中勘助（一八八五〜一九六五）が我孫子手賀沼畔（白山一丁目）の高島貫治郎家に仮寓したのは一九二〇年（大正九）二月から二三年一二月までであった。

中勘助は、一八八五年（明治一八）五月美濃今尾藩士中勘弥・鐘の五男として東京神田の旧藩邸内で誕生。二男以外の兄三人は夭折、姉二人・妹二人の六人兄第姉妹。母の産後の肥立ちがよくなかったことや、幼少より病弱だったためで伯母（母の長姉）の手で大事に育てられた。一九〇二年（明治三五）第一高等学校入学、翌年イギリス留学より帰った夏目漱石に一高二年から東京帝大二年までの四年間教えを受けた。一高の同級生に、藤村操、山田又吉、安倍能成、小宮豊隆、野上豊一郎、岩波茂雄、荻原井泉水、大学では鈴木三重吉らがいた。〇七年漱石が東京朝日新聞社に移ったため、勘助は国文科に転科、〇九年七月卒業した。勘助の代表作「銀の匙」は、幼少時代の体験をもとに書かれた作品、漱石の推薦で一三年（大正二）年に、後編も翌々年に『東京朝日新聞』に連載された。

図3-7　中勘助
（『中勘助全集』）

中勘助の大学卒業直前にその後の人生を大きく変える出来事が起こった。それは一家の大黒柱で一四歳年上の兄金一、東京帝大医学部卒業後ドイツに留学、福岡医科大学（九州大学医学部）教授就任というエリートコースを進んでいたが、妻の父野村靖（内相、逓信相）の葬儀に上京中、脳溢血で倒れ、大きな障害が残った。これにより一家のすべての重荷を勘助が背負い、それ以上に直接的には兄嫁にのしかかった。勘助の作品には、若く健康だったときから家庭では常に憂鬱で短気で怒りっぽく、家族との団欒を楽しむことのできなかった「兄」の、さらにそれがひどくなっていった姿が描かれている。

こうした家族の問題や自身の病、加えて同級生藤村操の華厳の滝への投身自殺、親友山田又吉の自殺などが重なった結果だったのか。中勘助は、家に帰らず各地を転々とした。一九一二年（明治四五・大正元）夏から秋にかけて野尻湖畔の石田家二階で「銀の匙」を執筆、一四年には脚気療養のため信州追分へ転地、さらに比叡山横川の慧心寺で「銀の匙」後編を執筆した。その後、茨城県布川の徳満寺、神奈川県鵠沼の安倍能成家の離れ、千駄ヶ谷の那須家、などを転々とし、一九年秋には秋田、青森などを旅した。こうした流浪時代の最後に訪れたのが、我孫子手賀沼畔の高島貫治郎家であった。[35]志賀直哉とは中勘助が我孫子に来る前からの知り合いだったという。

二〇年（大正九）二月一七日高島家から小宮豊隆宛に送った葉書に、「風呂釜はもらい、巴風呂というのを買った。ここは非常にいい処だ。この家は暖いがこの土地は風が強くて寒くていけないから春休に弁当持参で遊びに来玉へ。提婆達多（中勘助の作品）を一生懸命とつついているが中々はかどらない。とかく景色ばかり眺めている。湖畔、八畳二間、天才の止住に宜し」とある。[36]この年の勘助は一家を背負う覚悟を固め、小石川小向水道町の自宅を友人の岩波茂雄に買い取ってもらうなど家計の立直しと新居を求めるため自宅に帰っていることが多かった。

一段落した同年一二月三一日から二三年一一月までの約三年間の多くは手賀沼畔に暮らした。日記体の随筆「沼のほとり」には、それまでの世俗的な出来事や苦悩の姿は書かれていない。兄金一の趣味釣堀に連れ添った日の描写はあるが、兄の穏やかな一面をやさしいまなざしで描いている。そしてほとんどが手賀沼のあらゆる自然と近所の幼児からお年寄りまでのさまざまな暮らしの姿—手賀沼百科といってもいいのではないかーそれを高島家の二階から、手賀沼の水際から見て、兄の穏やかさを見たときのようなまなざしで表現しているように思える。また、我孫子に来て志賀をはじめ多くの文人・画家とも交わり、それまでにない多くの作品を発表するなど創作活動にも大きな刺激を受けた。

そして我孫子から、赤坂表町の新たな自宅への復帰を実現する。しかし、現実には病気の兄と兄嫁の問題、老いた母との問題など、一家を背負う中勘助の苦闘は、兄の死までつづく。一九三四（昭和九）年母の死、四二年四月兄嫁の死を経て、同年一〇月勘助は五十八歳で結婚、その式の当日兄金一は自ら生命を絶った。[37]

4　手賀沼・我孫子文化村を訪れた画家たち

明治末期から大正初期にかけて日本の美術界は大きな変革期を迎えた。前述のように雑誌『白樺』が創刊され、誌上でセザンヌ、ゴッホ、ゴーギャンの絵画やロダンの彫刻などの作品が積極的に紹介され、絵画や版画の展覧会も開催されるようになった。こうした新たな動きは若い世代を惹きつけた。これまで美術界をリードしてきた黒田清輝を中心とする白馬会が解散し、反自然主義・反アカデミズムを唱えるフュウザン会、文展の改革を求める二科会などが発足した。

岸田劉生

当時の若い画家たちに大きな影響を与えたのは、岸田劉生（一八九一〜一九二六）であった。この当時の岸田の作品について、岸田に共鳴してフューザン会の後身草土社に参加した椿貞雄は、次のように述べている。

僕は劉生と一緒に代々木の原附近から目黒駅あたりまで、天気さえよければ毎日の様に写生に出掛けた。彼は赤土の崖とか冬の路傍にしがみついている枯草を好んで写している。いかにもきびしく淋しい。彼は自分自身の姿をそこに見、感じたに違いない。彼の当時の傑作である石塀にそった道、彼は坂道を幾枚も描いているが、大地の地軸に通ずる硬さと量、青くくすんだ冬の空に通ずる道は、彼の画の道、永遠に通じ、その坂道を行く点景人物は彼自身の姿である。彼は土や草を心から愛し、草土社の名もそこから生れたものである。(38)

草土社の画題は、「赤土」「崖」「崖下」「切通し」「郊外」「丘の上」など、また「鵠沼」「片瀬」や「目黒」「代々木」「五反田」などの当時の郊外地の地名も定番となる。後述の「(我孫子の)崖」、「我孫子風景」もその一つだったに違いない。椿貞雄にも「我孫子の或る景色」（第六回草土社展、大正七年）があるというが、残っているのか分からない。

その岸田自身、『白樺』から影響を受け、白樺派の人たちと交流、我孫子にも何度か足を運んだ。武者小路の我孫子時代、一九一七年（大正六）一〇月阿蘭陀書房から出版された美装本『カチカチ山と花咲爺』の表紙には武者小路実篤作・岸田劉生画とあり、装丁・挿画を岸田に委ねた。武者・志賀・柳を中心に白樺美術館建設計画が打ち出されたのもこの頃であった。

さらに武者小路の「我孫子刊行本」全八冊最後の『我孫子より』（一九一八年五月）の装丁は岸田が担当し、裏表紙の子供二人が遊んでいる絵も岸田が描き、口絵には我孫子の武者小路邸の庭で撮った武者小路夫妻と岸田の写真が掲載されているという。「我孫子より」は見る機会がなかったが、『新潮日本文学アルバム武者小路実篤』に同じ写真が「大正六年頃」の写真として掲載されている。また椿や次に述べる硲伊之助など岸田の影響を受けた画家たちも同じ時期に我孫子を訪れてその風景を描いたのである。

硲伊之助

二三歳の硲《はざま》伊之助（一八九五〜一九七七）は、一九一八年（大正七）の第五回二科展で「我孫子風景」など二十数点が一室に展示され、最高賞の二科賞を受賞した。(39) 硲は、東京本所区向島の裕福な商家の三男として生まれた。慶応普通部に入学したが、学業をなげうち大下藤次郎の日本水彩画会研究所で水彩画に打ち込み、フランス帰りの若い画家斎藤與里（一八八五〜一九五九）にその才能を認められ、斎藤や岸田劉生などのつくったフュウザン会の会員に推薦された。一九一二年（大正元）第一回フュウザン会展覧会に出品、翌年の第二回展覧会では、萬《よろず》鉄五郎と硲の二人の作品で一室を独占するなどして注目された。しかしフュウザン会はこの年解散したが、硲は翌一四年結成された二科会の第一回二科展で二科賞を受賞するなどその才能を発揮した。このとき硲はまだ一九歳であった。その後、雑司ヶ谷にアトリエをもち、また赤城山麓、鵠沼、我孫子など東京近郊に滞在して作品を積み重ねた。

我孫子に生まれ育ち、高校教師となった秋谷半七（一九〇八―二〇〇一）は、その著書『手賀沼と文人』で、志賀直哉の「和解」にも出てくる回春堂医院の荒井茂雄医師は絵画が好きで、時には茶菓を携えて若い画家たちの下宿を訪ね歩いたと記し、子の神（延寿院）の境内にあった「お休み所」の一軒、中野さんの家に三人の青年画家が泊っていて、「硲伊之助、林倭衛、田中さんという人たちで、皆熱心な画家たちであった」と書いている。同書にはまた、志賀が長女慧子を回春堂に担ぎ込んだそのとき、近所の小学生だった秋谷少年は診察のため待合室に居合わせ、その様子を目撃していたと書かれてもいる。

　硲と親交の厚かった作家井伏鱒二は、「硲伊之助さんのこと―序にかえて」[40]に、「我孫子にいた志賀さんの親戚の高橋という人《従弟の高橋勝也か》が、硲さんに我孫子でじっくり絵を描くように勧めてくれた。それで我孫子に移った」こと、また「我孫子と手賀沼の中間に茶店のような家があって、曳舟町から様子を見に来たお袋さんが、そこの人を説きつけて食事を出してくれるようになったので、ここでゆっくりスケッチに身を入れることが出来た。湖水で釣船の艪を漕ぐことも水棹を使うことも我孫子で覚えた」などと具体的な話を書き記してる。しかし、硲が我孫子の風景をどのように描いたのか、国会図書館などに所蔵された硲の画集を見る限り「我孫子風景」などは掲載されていない。

林倭衛

　硲と我孫子で一緒だったという林倭衛《しずえ》（一八九五―一九四五）は、長野県小県郡上田町（上田市）の大きな農家に生まれたが、父が製糸業に手を出し多額の借金を背負い込み、両親は再起をかけて上京、しかしそこでも商売に失敗した。こうしたなか倭衛は一九〇八年（明治四一）一三歳で上京、日清印刷会社で働き、やがて会社近くの日本水彩画研究所の夜間部でデッサンに励むようになる。一一年、昼間部で学んでいた硲伊之助とは同年齢のよしみで親しく交際するようになった。一方印刷会社では、アナーキスト大杉栄の心酔者らが印刷物の注文に出入りしていて、その思想的な影響を受け、やがて大杉とも直接交流を持つようになり、一三年（大正二）サンディカリズム（労働組合主義）研究会に加入した。一六年第三回二科展にバクーニンを描いた「シンディカリスト」《サンディカリストと同じ》と「多摩川付近」で初入選を果たし、翌年の第四回では「小笠原風景」三点、第五回で「H氏の肖像」「冬の海」「海に沿ふて行く道」が入選。林が我孫子に来ていたのも同じころである。一九年の第六回にも「出獄の日のO氏」大杉栄を描いた作品を出品して警視庁より撤回命令が出るなど話題となった。しかし、林の出品作品に我孫子を描いたものがあったかは分からない。二一年七月にクライスト丸で渡仏、同船者に坂本繁二郎、小出楢重など。硲伊之助も一緒だった[41]。

田中萬吉

もう一人「田中さん」という画家は、同じ二科会で硲らと交流のあった田中萬吉（一八九五―一九四五）だったと考えられる。田中萬吉は、香川県の生まれ、一九一二年（大正元）広島に転居、翌年修道中学卒業後上京、日本水彩画研究所で学んだ。硲、林、田中を結びつけたのは日本水彩画研究所であった。同研究所は、一九〇七年（明治四〇）水彩画家として知られた大下藤次郎らによって設立された。その後田中は、一四年の第一回二科展や第三回光風会展を皮切りに大正時代に二科展・光風展、昭和に入って春陽会の入選者にその名前が見られる。二四年フランスに渡り、サロン・ドートルヌ入選を果たし、二七年（昭和二）帰国した。その後広島に戻り、広島の画壇を中心に活動、『広島の美術の系譜』には「読書」「横たわる裸婦」「自画像」などの作品が掲載されている。[42] 同時期広島には、南薫三、丸木位里などがいた。しかし、いずれにしても硲、林、田中三人の我孫子を描いた作品については　手がかりを得ることはできなかった。

松本弘二

同じころもう一人、前掲秋谷の著書には、楚人冠公園下の一軒家に松本さんという画家がいて、自炊しながら絵をかいていたが、二科展入選の知らせを受けるとそのまま絵筆をおいて上京してしまったというエピソードが書かれている。二科展入選者で松本という名前を調べていくと、松本弘二の名が、一九二一年（大正一〇）九月の二科展の初入選者に存在した。東京文化財研究所のホームページ松本弘二の年譜によると、一八九五年（明治二八）九月佐賀県佐賀郡（佐賀市）生まれ、一九一四年黒田清輝の葵橋研究所で学ぶ。その後広津和郎とともに大鎧《おおよろい》解放社（吉野作造、大山郁夫ら黎明会の機関誌第一次『解放』などを出版）に入社。二一年「水道橋風景」（前掲『出品目録』には「屋根裏より」とある）で二科展入選を果たし、生涯二科会に関わった。松本は翌年も「秋田土崎港」などが入選した。二九年（昭和四）藤枝夫人とともに渡欧、パリの美術学校グラン・ショミエールで学び、サロン・ドートンヌに「ル・バザール」など二作品が入選。戦前・戦後に多くの作品を残し、一九七三年（昭和四八）東京世田谷の自宅で逝去したと記されている。しかし年譜には我孫子在住の記述はない。その後、金子洋文を調べていて、前述の『生ける武者小路実篤』の装丁に松本弘二の名があり、また『種蒔く人』社の同人にも名を連ねている。松本の「秋田土崎港」は、『種蒔く人』創刊の地であり、金子らの故郷を描いた作品でもある。金子らと松本がどこで知り合ったのか興味深い。

児玉素行(素光)

ところで、楚人冠公園下の一軒家には、松本弘二が一九二一年（大正一〇）九月まで、そのあと日本画家児玉素行が住み、二二年二月末頃柳家の三樹荘に移った。児玉のあと五月から八月まで瀧井孝作が住んだとされる。

児玉素行（素光一八九〇―一九六六）は、長野県渋温泉の生まれ、本名は邦男。一九〇六年（明治三九）上京して下村観山に師事、茨城県五浦《いづら》の日本美術院研究所（岡倉天心の設立）で研鑽を積み、一五年（大正四）第一回習作展に「寒山寒後」を出品し、同年日本美術院・院友となる。二一年、二三年の習作展に入選。その後、二六年（大正一五）の第一三回院展に「山の湯」が初入選、さらに三〇年（昭和五）「幽水」、三二年「晩秋」が院展入選を果たした。号は、はじめ下村観山から「天来」を授かり、二〇年「素行」と変え、昭和に入り「素光」に改めた[43]。

児玉の我孫子時代について、いつ、どのような関係でここに来たのかなど不明な点が多い。ただ、二二年については、志賀の日記（前掲『志賀全集』第一三巻）で追うことができる。二月二八日「児玉さん柳の家へ引移る筈」、三月二六日「午后児玉氏子供を連れて来る」、四月四日「橋本、赤地と児玉氏訪問、小下絵の『すゝき』を児玉氏くれる」、七月二六日「橋本来て、午后児玉氏訪問、出品画を見る」、八月二日「寿々子連れて児玉氏訪問、康子、留女子あとから来る」、八月八日「児玉氏来る、原田来る、のち月見」、一二月二七日「留女子を連れて九時二十分で上京、児玉一家東京へ引きあげるのと一緒に行く」などとある。志賀が児玉を「氏」付で呼んでいたこと、児玉の日本画のこと、子ども連れでの交流などが目に付き、児玉一家が東京へ引越した日のことも記されている。

原田京平

原田京平は（一八九五～一九三六）静岡県出身、旧制浜松中学校中退、一九一三年（大正二）十八歳のとき洋画家を目指し上京して太平洋洋画界研究所に入所、翌年日本美術院洋画研究会員となり、以後恭平と名のる。一五年第二回日本美術院展覧会に「男の顔」で初入選、以後入選八回、一八年には日本美術院・院友に推薦される。このころから短歌などの文学にも手を染める。

二一年牛原睦と結婚、同年一〇月東京目黒より我孫子町子の神の島久別荘に転居した。結婚後、短歌は、妻の師でもある窪田空穂に師事した。原田の洋画の師山本鼎によれば、我孫子は「療養生活」の地として選んだという。我孫子に来てから志賀直哉、瀧井孝作らと親しく交流、志賀の前掲一九二二年、二三年の「日記」には、二女の留女子を連れて散歩の途中原田家を訪れ、また原田、瀧井、橋本基らとテザーボールやテニスなどを楽しんだという記事が数多く記されている。

二二年一月長女麻耶（のちに染織家）が、二五年には二女南（のちに洋画家）が誕生し、我孫子は、子育ての時期でもあった。二二年には、日本美術院洋画部解散に伴い春陽会に参加、号を聚文と改めた。二三年春陽会第一回展覧会に「秋の日」を出品、以後入選一二回。

一九二三年三月志賀が京都に去ったあと、原田一家は志賀邸の母屋に移り、二八年（昭和三）三月東京・世田谷町若林（世田谷区若林町）に転居するまでこの家で過ごした。その間、崖上の「二階家」（二階の書斎）に住む甲斐仁代、中出三也やここを訪れた三岸好太郎、三岸節子らと交流した。

原田は我孫子時代、「我孫子風景」、「ハケの道と手賀沼」、「手賀沼と小舟」などの絵画や「我孫子」、「沼畔居詠」などの短歌や長歌「春陰」など、手賀沼の自然を題材にした絵画や和歌などの作品を残した。それらの絵画、文学作品や資料、書簡などが多数我孫子市の白樺文学館に寄贈されている。それらの作品は我孫子市の大切な文化財で、貴重な歴史資料でもある。(44)

甲斐仁代と中出三也

前述のように、志賀が我孫子にいたとき、崖上の離れの「二階家」には橋本基一家が住んでいて、橋本一家が去った後、甲斐仁代（一九〇二～一九六三）と中出三也（一八九七～没年不明）の洋画家二人がそこに住んだ。甲斐は、佐賀県出身、女子美術学校で岡田三郎助に師事、一九二二年（大正一一）卒業。二三年二科展初入選。その後一九三七年（昭和一二）石井柏亭らが二科会脱退してつくった一水会に出品、戦後四七年会員に推薦された。同年結成された女流画家協会会員となった。日本各地を旅行して風景画を描いた。一九六三年信州を写生旅行中に発病、東京中野療養所に入り療養したが、七月逝去した。後年はブリヂストン石橋正二郎夫妻の支援を受けていたという。我孫子では風景画も描いたというが、その作品は確認できていない。

中出は東京出身、京華商業学校卒業。岡田三郎助が藤島武二と設立した本郷洋画研究所に学ぶ。

一九一七年（大正六）の第四回院展「曇り日の畑」で初入選。翌年の第五回院展に「崕」「曇りたる日の沼」など四点出品、院友に推挙され、第六、七回にも出品した。一七年の第五回光風会展、二一年の第八回二科展などにも出品した。二三年萬鉄五郎の鳥円会に参加、中出はその後一九二八年（昭和三）の第九回帝展入選以後三三年の第一四回まで第一三回を除き入選をつづけた。間を置き四二年第五回新文展、翌年の第六回でも入選、方南画塾、大蔵省絵画部、日本医科大学絵画部で指導に当たったが、戦後の足跡は不明である。(45)

三岸好太郎と三岸節子

三岸好太郎（一九〇三〜一九三四）と三岸（旧姓吉田）節子（一九〇五〜一九九九）の二人が、崖上の「二階家」に中出三也を訪ねたのは一九二三年（大正一二）の一二月三一日、節子の女子美術学校卒業前の大晦日であった。駅から歩いて手賀沼畔に行き、そこで好太郎から求婚された。好太郎は札幌生まれ、異父兄に小説家子母澤寛がいる。二一年札幌一中卒業後上京、さまざまな職に就きながら独学で絵画の勉強をつづけ、翌二二年第三回中央美術社展で入選した。

節子は愛知県中島郡起町（尾西市）で生まれた。二一年名古屋の淑徳女学校を卒業して上京、遠縁者の紹介で岡田三郎助のアトリエに通い指導を受け、翌年女子美術学校二年に編入学、担当教授は岡田三郎助であった。この年の秋、第二回展（神田・流逸荘）に出品、好太郎も出品していて、この時二人は知り合ったという。二四年三月女子美術学校を卒業した。

二人は我孫子に住んでいたわけではないが、好太郎は二三年第一回春陽会展に「檸檬を持てる少女」

を発表、翌二四年の第二回春陽会展には「崖ノ風景」など四点、さらに二五年第三回にも「冬ノ崖」など五点を出品した。「崖」シリーズは我孫子の「崖」を描いたもので、節子も卒業制作として二五号のカンバスに我孫子の風景を描いたといい、その制作のために我孫子によく通ったという。さらに好太郎の中学時代からの親友俣野第四郎も第三回春陽会展で「我孫子の風景」など二点、次の第四回には「山下閑村」、「閑村冬日」など三点を出品したが、病魔に襲われ二七年（昭和二）若い命を閉じる。同年の第五回に、故俣野第四郎名で五点の遺作が展示された。節子の作品は不明だが、好太郎と俣野第四郎の我孫子の風景画は残されており、原田京平の作品とともに、この頃の我孫子が描かれた貴重な絵画資料でもある(46)。

また、昭和に入ってからも俳人や歌人など多くの文人が手賀沼・我孫子を訪れ、すぐれた作品を残しているが、すでにそれらをまとめたものがあるのでそちらを参照していただきたい(47)。

第4章　手賀沼・我孫子別荘史の発展(大正中期～昭和前期)

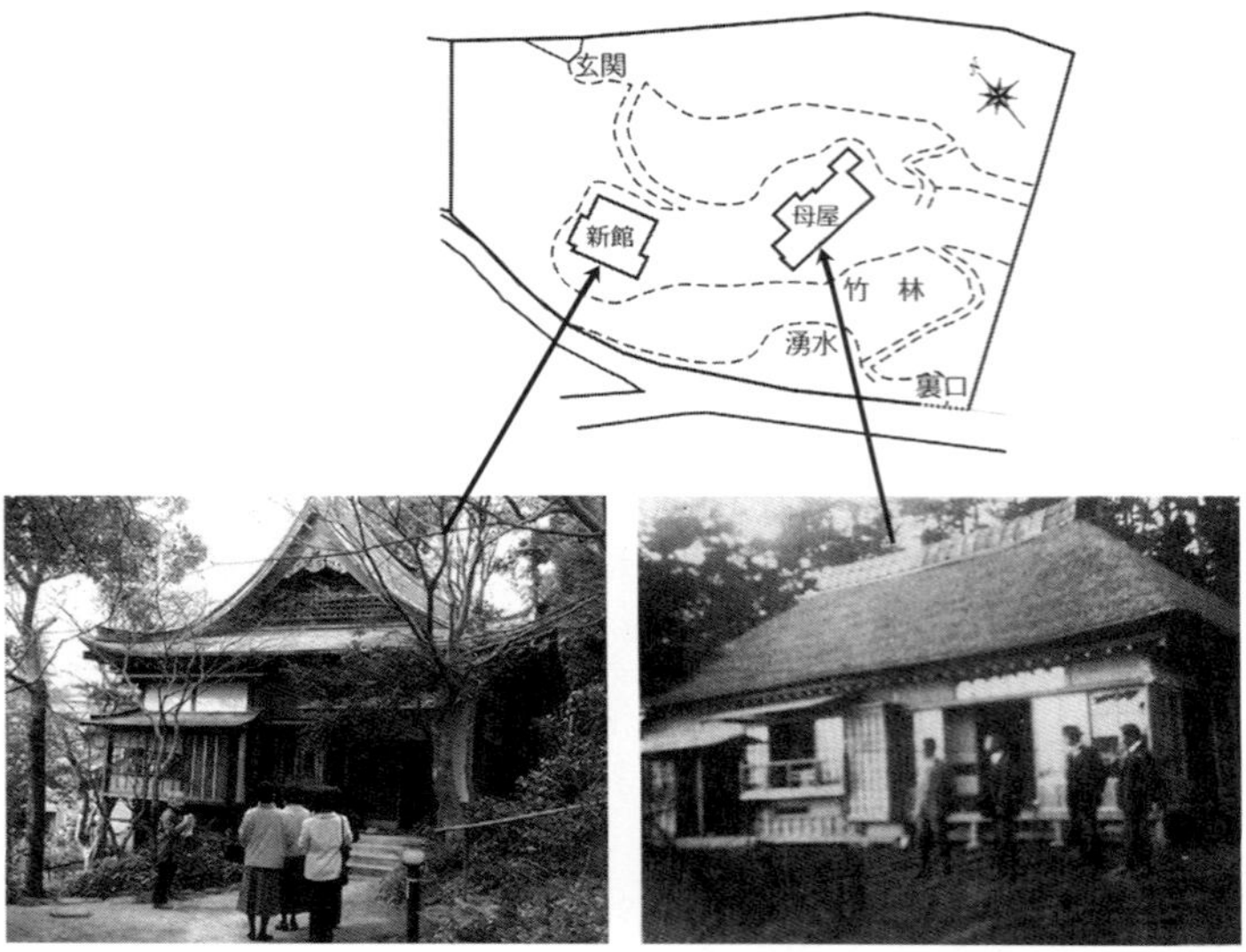

図4-1　旧村川別荘（村川家、我孫子市教育委員会提供）

本章では、第2章につづき大正中期から昭和前期に新たに手賀沼・我孫子に別荘地を購入した人たちについて述べてみたい。

そこには学者や文人、ジャーナリスト、実業家、さらには映画・演劇俳優、舞踊家、陶芸家から東宮侍従、総理大臣まで多彩な顔触れであった。

それらの人たちは、どのような業績を残した人だったか、また、なぜ手賀沼・我孫子を選び、どのような別荘生活を送ったのか。しかし、調査しきれていない点も少なくない。それは今後の課題としておきたいと思う。

1　大正中・後期の新たな別荘（地）

東西交渉史の権威村川堅固別荘

村川堅固（一八七五〜一九四六）は、肥後細川藩士村川勝蔵の長男として熊本城下に生まれ、熊本の第五高等学校、東京帝国大学文科大学史学科卒業、大学院に進学して日本とヨーロッパの交通史、交流史を研究した。一九〇三年（明治三六）から三年間ヨーロッパに留学。帰国後東京帝国大学助教授、一九一二年（大正元）教授となった。

村川が我孫子に来るきっかけを作ったのは、嘉納治五郎とその女婿綿貫哲雄であった。嘉納と村川は、第五高等学校の校長と学生という師弟関係にあり、大学時代には経済面で苦労する村川を支援して学問研究を励ますなど深い関係を築いていった。また手賀沼は、釣り場として人気も高く、幼少から釣りを趣味とした村川にとって絶好の場所だった。週末には、我孫子駅の駅弁を携えて沼に船を出し、さらに沼近くの田を購入、専用の釣り堀に変えて鮒釣りを楽しむ熱の入れようだった。

図4-1　村川堅固
（村川家提供）

村川は、綿貫の仲介で、子の神権現のすぐ隣に別荘地を購入した。一九一七年（大正六）十二月、まず別荘地の中央部の山林九畝二一歩（約二九一坪）、翌年六月その東側の山林四畝一七歩（約一三七坪）、さらに二五年四月に西側の雑木林一反一歩（約三〇一坪）を購入した。前述の沼近くの我孫子新田の田の購入年、面積等は未調査である。

綿貫哲雄（一八八五～一九七二）は、嘉納の長女範子の夫で、社会学者、東京高等師範学校教授。村川とは以前から親交があった。一八年の新年早々、村川は別荘地購入の労を取ってくれた綿貫家を謝礼に訪れ、その後土地の様子を見るために子の神に向った。このとき同行した十歳の長男堅太郎の日記にその様子が記されている。十歳とは思えない客観的な描写である。

（綿貫家で）昼食をいただいて家で買った地面を見に行った。一帯この地には松が多くて僕の家で買った地面にも大きな松が三十二本ある。家の地面は実に眺めがよいところで前が低くなっており下には清水が少しずつわいている。その下は他人の田地でその向こうに葦が生え沼になっているのである。左手は子の神境内で大きな松がたくさん湖面にさしかかっている。お父様や綿貫さんは『あの松に月でもかかったら実によい景色ですなあ、歌でもできそうですな』『なるほど』などと言っていらっしゃった。[1]

堅太郎（一九〇七～九一）は、父と同じ東京帝国大学史学科卒業、同大学教授。古代ギリシャ・ローマ史の実証的研究の先駆者として大きな業績を残した。

村川別荘は、はじめ以前から建っていた「古屋」を修繕して用いていたが、二一年に我孫子宿本陣小熊郷右衛門家の離れを移築し、トイレと風呂場を増築して「母屋」とした。当初は茅葺屋根であったが、のちに瓦に葺き替えられた。また、一九二七年（昭和二年）から二八年にかけて「母屋」とは別に「朝鮮風」と言われる「新館」が新築された。外観は朝鮮半島の学術調査に携わったときの建物の印象をもとにしていると言われるが、建物の基礎は関東大震災の教訓をもとにした鉄筋コンクリート造り、屋根も軽量な銅板葺にするなど防災を重視し、さらに手賀沼と富士山を見晴らせる大きな出窓、床は寄木細工、一番奥の部屋にはベッドを取り入れ洋風の造りとするなど、防災を基礎に、建物の内外に東西文化が入り混じるまさに村川の研究を地で行くような建物であった（図4―1）。

村川家の自宅は、一九一一年（明治四四）小石川区雑司ヶ谷（文京区目白台）に新築された。二〇一七年（平成二七）文京区指定文化財に指定され、一一二年（二〇二三年現在）の歳月住み続けつつ大切に保存されている。また湘南鵠沼にも別荘があり、建物は解体されてしまったが、藤沢市「鵠沼松が岡公園」として保存樹林と共に地元の人々に利用されているという。堅固は「住食衣主義」を提唱し、「住むことが生活の根本」だとしていた。それは一八八七（明治一〇）の西南戦争で熊本城下一帯が焼かれ、仮住まいの小さな家で育ったことがこうした考えの基礎となっているという(2)。

旧村川別荘は手賀沼・我孫子の別荘の中でも、当時の建物や写真が現存し、家族の証言や著作もある数少ない別荘でもある。詳しくは「註」にも示した村川夏子氏の「村川別荘の七十余年」、同氏講演録「村川別荘が語ること―洋行と住食衣主義」などを見ていただきたい。ほかに『温故知新―国登録文化財村川家住宅百年の歩み』などがある。現在、旧村川別荘は、市が所有・管理し、無料公開されており、市民ガイドの説明も聞くことができる。

近代「国語」生みの親上田萬年別荘地

上田萬年《かずとし》（一八六六〜一九三七）は、江戸大久保の尾張藩下屋敷に生まれ、帝国大学文科大学和文学科卒業後、大学院、文科大学嘱託を経て一八九〇年（明治二三）から九四年六月まで博言学（言語学）修業のためドイツに留学、帰国後帝国大学教授を一九二七年（昭和二）まで勤めた。専門の言語学、国語国文学の研究を通して、また一九〇〇年より文部省の国語調査委員会の委員として、日本近代の「国語」の形成に中心的役割を担った。同委員会に嘉納治五郎の名前もみえ、一九二一年設置の臨時国語調査会でも森鷗外の後任の会長を務めた。同調査会には杉村広太郎（楚人冠）の名もある。

上田が妻や娘たちと手賀沼を訪れたのは一九一七年（大正六）の春、案内したのは親交のあった綿貫哲雄だった。上田の二女で小説家円地文子（一九〇五〜八六）に、戦後に書かれた「土地の行方」[3]というノンフィクションに近い作品があり、この日の様子や沼畔の雰囲気をよく伝えている。

手賀沼に沿うた傾斜地に逼い上った六百坪の地所であった。この土地については梶子《円地》はそれを買った前後から、売払う始末まで逐一知っている。大正六、七年頃の春、我孫子を見物に行ったことがあった。父と母、姉と梶子、それに歌人のS博士《佐々木信綱カ》と伯父が同行した。どういう話だったかは子供のことで、前後は知らないが、我孫子見物に誘ったのは梶子の父の友人《嘉納治五郎》の女婿でW《綿貫哲雄》という学者だった。W氏は我孫子に家を建てて住んでいて、その風景のよいことをしきりに推賞して、父やS博士を家へ招いたのである。

恰度、晩春の湿った大気が晴れた沼の上の眺めを薄いヴェールで蔽ったように煙らせていた。釣船に乗って、沼を渡る間も、沼に近い畑に菜の花が咲きつれているのが、汀の蘆のまだ枯れ色の残っているあせた黄ばみ方と対照して、あざやかに浮き上がって見えた。沼というものを見たのもはじめて、釣船に乗ったのもはじめての梶子は、船べりから手を出して、静かな水を掻くと、案外強い水の力が指の間をぬけて行くのや、船がふれるごとに、私語《ささや》くような葉ずれが蘆の間から聞えて来るのなど、何とも言えず牧歌的な楽しい気分に誘われた。

W氏の家の、沼を見晴らす部屋で川魚の昼食を馳走され、梶子の父もS博士も上機嫌に寛いで、鄙びた趣きを残している静かな沼の景色を眺めていた。梶子の父は、この時にも、例の癖で、ここに土地を求めたくなっていたらしい。（後略）　〈〉は小林の補足

このあと、上田らはこの土地の地主の案内で実地を見学、購入を決め、一七年（大正六）十二月十五日に字柏木の山林一反九畝二歩（五七二坪）を購入した。白山一丁目、我孫子窯（岩村家）のすぐ上の台地南面である。

しかし、円地も書いているように、上田のいつもの「例の癖」（衝動買い）で結局建物は建てられなかった。上田の死後、母を経て二人の姉妹が相続したが、戦後期の混乱のなか、土地を管理していた農家との間に起こったトラブルのことなどがこの文章につづく。

ところで、村川、上田の二人を我孫子に導いた白山の綿貫家がどこにあったか、「旧土地台帳」からは確認できないが、村川堅太郎が後に語ったところによれば、「ちょうど今の西嶋さんの家の下あたりで、つまり嘉納さんの農園の一部じゃなかったんでしょうか。この丘の並んでいるずっと先のわりと低いところにありましてね。私、父に連れられて歩いて行ったことがありまして、綿貫さんとうちと非常に親しくしていたんで、その関係で我孫子と御縁ができた。要するに嘉納さんと綿貫さんのお蔭で、ここを選んだ」と述べている[4]。西嶋邸のすぐ南に台地下に降りる階段があるが、階段の途中に一段低い宅地がある。この辺りなのだろうか。なお、西嶋定生（一九一九〜一九九八）は、我孫子市白山一丁目在住、東京大学教授、専門は東洋史だが、我孫子古墳群の発掘をはじめ、我孫子市史研究に貢献した。西嶋もまた戦後に嘉納農園跡の住宅地を購入した新住民の一人であった。

成田中学校長小林力弥別荘

小林力弥（一八六四～一九三三）は、一九一六年（大正五）三月子の神の渡辺龍聖別荘地東隣の山林三反八畝四歩（一一四四坪）を購入、翌年山林一反（三〇〇坪）を買い増した。

小林は、一八六四年（元治元）滋賀県犬上郡西甲良村（甲良町＝彦根市などに隣接）に生まれ、「苦学力行の士」で、一八八二年（明治一五）小学校校長、その後京都尚寧英学校に学び、八八年上京、哲学館（東洋大学）に学び九〇年卒業、東京府立第一尋常中学校に勤務したが、九三年京都に戻り、京都府立第一尋常中学校教諭兼舎監に就いたが、九九年旧彦根藩主井伊直憲の後援を得て海外留学、京都商業会議所嘱託として欧米などで行われた海外博覧会での日本展示などに携わった。京都尚寧英学校、哲学館で共に学び、親しい関係を築いたのはのちの成田山新勝寺第一五世貫主で、成田中学校を創設した石川照勤であった。小林は一九二五年（大正一四）から一九二八年（昭和三）まで成田中学の校長を務め、その後石川が力を注いだ学校図書館の館長も務めた[5]。

楚人冠とは、第一次世界大戦の折、ロンドンで親交をもって、帰国後も三井物産の高橋敏太郎、ジャーナリスト高木信威などとともに「ロンドン旧友」の交流はつづいていた。『経済時報』一九〇九年（明治四二）四月号の「名家談論」欄に在倫敦小林力弥の「日英博覧会」、『実業之世界』一九一六（大正五）一月号にも鈴木本真珠店倫敦支店長小林力弥「戦争と英国商人」などが掲載されており、ロンドンでの活躍がうかがえる。その後、交詢社『日本紳士録』大正一〇年版に、小林力弥、日本観光（株）取締、京橋銀座四ノ三とあるが、詳細は不明である。

楚人冠の「日記」、一九二七年（昭和二）五月一日に「小林力弥兄来訪、ベランダにて中学に関する記事のことを語り、しばらく閑談、初めてその履歴の一班を聞く」とあることから、楚人冠は初めて小林が成田中学校長になったことを知ったと思われる。校長退任後の二九年五月一二日「小林力弥氏来訪、先日来我孫子に退隠せりといふ」とある。その後、「ロンドン旧友」の交流会の記事があるが、三一年一一月三〇日「小林力弥氏大分悪しといふ、見舞品を求めて帰る」とあり、その後病気は一進一退をつづけ、何度か見舞いに行っている。我孫子別荘は病気療養の場となり、亡くなったのは三三年一月頃と思われる。このように別荘が建てられたことは間違いないが、どのような建物だったかなどは分からない。小林が一九一六年我孫子に別荘を求めたのは、楚人冠の薦めだったのかと思われるが、定かではない。別荘地は、小林の死後、四一年四月に売却された。

国文学者関根正直別荘地

はじめ嘉納治五郎が買った雁明（緑二丁目）二カ所のうちの一カ所、地番一八九一・一八九二の山林一反六畝六歩と畑一反三畝二〇歩合計二反九畝二六歩（八九六坪）は、一九二一年（大正一〇）一月関根正直（一八六〇〜一九三二）が購入している。関根は国文学者で女子高等師範（お茶の水女子大学）教授を一八九九年（明治三二）から一九二四年まで勤めた。講義は源氏物語など平安文学や近松門左衛門の作品、服飾史・住居史・食物史と多岐にわたり、歯切れのよい明快な講義で学生を魅了したという。退任後も御物管理委員会臨時委員や有職故実に深く通じていることから昭和天皇の大礼準備委員、大礼使典議官、大礼要旨編纂委員などを務め、学士院会員にも選ばれた。

別荘地は、弁天山の西端に当たっているが、建物があったかなど我孫子での動きは一切不明である。

また嘉納の土地を購入したのは、二人が高等師範校長と女子高等師範教授という関係で、また生年も同じであることなど近い関係にあったことは想像できるが、詳しい関係はよく分からない。

この土地は長男秀雄と三男正雄に引き継がれ、一九五八年（昭和三三）五月まで所有されていた。関根の子どもたちの多くが学者で、秀雄は仏文学者でモンテーニュ研究の第一人者、東京都立大学教授、二男俊雄は国語学者、四女慶子は国文学者で父と同じお茶の水女子大学教授、正雄は旧約聖書研究の権威で東京教育大学（東京高等師範の後身）教授であった。(6)

2　湖上園――俳人岡野知十の一家と雑誌『郊外』

関東大震災の三か月前、一九二三年（大正一二）六月一日発行の雑誌『郊外』第三号に、「下総我孫子駅手賀沼べりに　湖上園を開く」という宣伝を兼ねた紹介文が載っている。名義上の所有者は俳人岡野知十の二男木川恵二郎であった。湖上園は、『郊外』の読者や知人たちにも開放しようとしていうものでもあった。利用者には五ヵ条の「湖上園売茶清規」という規則があり、園内の植物の愛護、来園者名簿への署名、床几代一人五銭（番茶を供する）、弁当などの持参（我孫子駅の弁当三十五銭）、舟の貸切・船頭つきで最高二円半などと定めている。

雑誌『郊外』のオーナーは別にいたが、編集・執筆は知十や岡野家家族を中心になされていたようで、内容は誌名の通り東京「郊外」についての随筆や記事が多く、とくに湖上園の開園前の創刊号（二三年四月）から大震災直前の第六号（同年九月一日発行）まで毎号のように知十の手賀沼の随筆が載り、第六号には岡野馨・木川恵二郎兄弟によって「手賀沼案内」という特集も組まれた。この

図4-3　湖上園（『郊外』創刊号　1923年4月）

時期の『郊外』のメインは手賀沼・我孫子であった。

岡野知十（一八六〇〜一九三二）本名木川正胤、亡き伯父岡野家再興のため相続。一八九五年（明治二八）、知十坊の名で『東京毎日新聞』に「俳諧風聞記」を発表、好評を得て同新聞社入社。正岡子規の「日本」派に対し、尾崎紅葉、巌谷小波、戸川残花、大野洒竹らと「秋声会」派を結成した。その後一九〇一年、雑誌『半面』を創刊、これまでの俳句「新派」（日本派・秋声会派）に対して「新々派」と称し、翌年『読売新聞』の俳壇を受け持つなど俳壇をリードした。

湖上園の場所は、志賀直哉邸からハケの道を子の神方面に一、二分行った沼畔我孫子新田の「四百坪ばかり」の土地で、白樺派里見弴（山内英夫）の所有地であった（第三章）。それを作家志望で里見を尊敬する恵二郎は、作家などが集まる日本橋小網町のカフェ鴻の巣の主人奥田鴻巣の仲介で本人に直談判して手に入れたものであった。里見は初め住むつもりで井戸を掘ったが、そのままになってしまっていた。そこで、この土地の元の持主の農家から不用になった七坪半ほどの茅葺の納屋を譲り受けて、もとは土間だったところに床板を張って十畳と四畳の二間を設け、板の間の台所、土間には竈《かまど》、さらに風呂場と便所を加えるなどしてできあがった休息所であった。また、我孫子は「葭簀《よしず》」が安いと聞いて一円八〇銭で作った葭簀を窓の日除けにした。さらに古風な台ランプをと苦労して探したが見当たらず、ニッケル製の台ランプを買って取り付けようとしたそのとき、この一帯に電気が引かれ、ランプは無用となった。手賀沼畔に電気が灯ったのは、大震災直前だったのである。

ところで、『郊外』には購入したのは「四〇〇坪ばかり」とあるが、「旧土地台帳」によれば、二二年九月に里見の土地は七六〇坪余であった。木川は、それに加えて少し離れた我孫子新田の畑一反四畝七歩（四二七坪）も買い入れている。しかし、そこを何に利用しようとしたかその理由は分からない。いずれにせよ、木川は『郊外』創刊の前年に、里見の土地などを購入していたのである。

湖上園が開かれたのは、二三年五月五日であった。このとき新しい舟を二艘購入、二人漕ぎのボート「ドンブラ」と十人位乗れる田舟「湖上」で、同年六月進水式を行った。田舟を周旋してくれた回漕店の喜八老は赤地に金紙で「湖上園」と書いた手作りの舟旗を、知り合いになった滝前の荒井さんは船玉様への供え餅を作ってくれるなど地元の温かい助けもあり、舟卸《おろし》は無事済んだ。恵二郎は「沼べりの村十軒や夏霞」、かをる（馨）は「風薫る若き夫婦が舟を漕ぐ」、知十は「漕ぎ馴れぬ舟が傾く萍《うきくさ》に」と詠んだ。またパイプ好きの知十は、「新しき舟を卸した日に。新しいパイプを卸す。そして一日を湖上に心安く、皆と興じてくらす」と記し、「風薫る新しき舟にパイプに」と詠んだ。[8]
つぎに、大正末期の我孫子駅から手賀沼までの街並みを、木川恵二郎「我孫子案内記」で辿ってみたい（一部要約）。作家志望の彼は、「探偵小説」風に進める。《 》は小林の補足

Ａ学校前で拾った黄色い紙に書かれた「地を定む。二十／1.2.9.11.15. 午前七時」の推理から始まる。「二十」は二〇哩と考え、汽車の線路を延長してコンパスで測ると、東海道線では程(保土)ケ谷の少し先、信越線で大宮の一つ先の上尾、常磐線では我孫子の三候補が浮かび上がる。次の謎の数字はアルファベットの順に置き換えるとabiko、すなわちその地は我孫子と判断された。探偵は、東海道線の保土ヶ谷なら四〇分で行けるのに、我孫子までは一時間一〇分もかかり乗降客も少ないと嘆く。

それでも駅前から手賀沼まで歩いてみることにする。駅前の新秋谷という料理屋を兼ねた旅宿から水戸街道の岐路に当たる十字路までの約一丁（約一〇九ｍ）ばかりの道は、かなり美事な桜の並木を両側に持っている。「桜時分はきれいです、花のトンネルみたいです」と、さっき、老紳士に人力車を断った新秋谷の美しく肥った婢さんが言ったが、それは信ずるに足る言葉であろう。太い幹から出た高い枝が両側から道の上で交錯する。そして、その十字路にある角松支店で休む。「これは全く、このアビコには似合わしくなく立派だ。そこには東京風の白いエプロンを胸にした女給の姿さえチラチラする」と店の感想をひとくさり。《「昭和二年我孫子区地図」にはその斜め向かいには「アビコカフェー」もある》

次に十字路をまっすぐ手賀沼までの景色を、その路は右に低い田を見て走っているが、やがて

杉に被われた暗い坂を下ると、不意に手賀沼が展開する。私は私の探偵をして、思わず「いい景色だ」と言わしめた。実際せまい路を辿って来て、ここで急に広い外景が現われる所は何とも云えず面白い。私はここへ来ると、活動写真の撮影を考える。さしずめ蒲田のすみちゃんで通る栗島氏（女優栗島すみ子）をでもつれて来て、水郷哀話っていうものでも作ったらどうだ。「手賀は全く活動のロケーションにはいいと思う」と言い《後述岡田嘉子と大衆キネマの項参照》、道はなおつづき、右折した道が沼べりに達するところに渡し場がある。渡し場は丸喜運送店といい、主人を渡邊喜八氏という。元気のいいおじいさんが、眼鏡ごしに見ながら座っている。湖上に出ようという人は、舟を雇うにこの人に頼むが便利だ。私の探偵もここで舟を雇い、湖上に出たことにする。《進水式田舟を周旋してくれた「喜八老」が、丸喜運送店の主人であることが明らかになる》

木川恵二郎は一八九八年生まれ、作家志望の好青年であった。一九二三年三月に結婚、本稿を執筆して間もなく一二月末に発病、大学病院に入院したが、翌二四年一月末急逝、二五歳だった。(9)

3　昭和前期の実業家たち―大谷登、三谷一二、沼田才治、安永秀雄の別荘

日本郵船社長大谷登別荘

大谷登（一八七四～一九五五）は、旧福井藩士大谷麓の長男として誕生。一八九六年（明治二九）東京高等商業（一橋大学）卒業後日本郵船入社。カルカッタ、ニューヨーク、ロンドン各支店長を経て一九二三年（大正一二）専務取締役就任、この間、パリ開催の万国船主会海事委員会、ロンドン開

図4-4　大谷登
（『日本郵船株式会社百年史』）

催の万国商業会議所連合委員会、スウェーデン開催の万国海法会議など国際会議に出席した。一九二九年（昭和四）副社長、同三〇年から四二年四月まで社長、三八年から大日本航空初代社長（兼務）、四二年四月船舶運営会総裁を務めた。そのほか合同運送取締役、海外興業、横浜船渠の監査役を務めた。家族は、妻タツと三男三女である。[10]

大谷はまた、二七年（昭和二）一二月国立公園設立をめざして発足した国立公園協会の発起人の一人で、理事も務めた。会長は、貴族院議員・侯爵細川護立であった。さらに三〇年五月国立公園制度を設ける方針を固めた政府の国立公園調査会の委員にも選ばれた。安達謙蔵内務大臣を会長に、各界代表二五人の委員、六人の幹事によって構成された調査会の討議検討を経て、翌三一年四月国立公園法が成立、三四年三月に瀬戸内海、雲仙、霧島の三国立公園が、同年一二月には阿寒、大雪山、日光、中部山岳、阿蘇の五国立公園が選定された。[11] 大谷は、「閑却される我国の一大資源」を『国立公園』創刊号に掲載、「日本人は日本が余りに自然の美に恵まれていたため、その価値を知らず、したがってその利用も忘れている」などと記している。

我孫子には、一九二六年（大正一五）九月から三四年（昭和九）三月にかけて高野山《こうのやま》字大久保に二町六反四畝余（約七九二〇坪）の山林などを購入して別荘を設けた。手賀沼・我孫子では最も広い別荘地である。大谷別荘は、成田街道（国道三五六号）の子の神からさらに東に進み、現在の我孫子中学校前を南に入った手賀沼に面した台地上にあった。戦争が激しくなった四二年さらに周辺の山林などを買収して開墾、大谷農園とした。面積合計は約四町三反七畝余りとみられる。しかし、別荘の建物がどのようなものであったかはよく分かっていない。

また、大谷がなぜ我孫子を選んだかも、はっきり分からない。しかし、次章で述べるように、大谷は別荘を持ってすぐの手賀沼保勝会結成準備にも積極的に参加し、我孫子ゴルフ場建設にも尽力した。それらの活動を先導したのは楚人冠であった。大谷は我孫子に来る前から楚人冠と同じ東京ロータリークラブの会員で、[12]大谷別荘ができたころの楚人冠の「日記」に、東京会館でのロータリークラブ毎週水曜日の午餐会で親しく交流していたことが記されている（一九二六年以前の「日記」は未調査）。また、大谷自身、長く海外の支店長を歴任して帰国、本社の専務になって間もなく、先述のように国立公園協会の発起人に名を連ね、日本人の自然の価値への無関心さなどについて積極的に寄稿しているところを見ると、大谷個人としても自然や景観に強い関心を持っていたことが分かる。そうした大谷を、楚人冠がロータリークラブなどで、手賀沼の景観を説明して誘ったとしても不思議ではない。そう考えると筆者は、「大谷を我孫子に誘ったのは楚人冠」との推測をしている。

ところで、大谷別荘や農園は、戦後の農地改革の影響や築地産業（株）への売却を経て日立製作所に移り、一九六二年（昭和三七）に日立総合経営研修所（日立アカデミー我孫子キャンパス）が開所された。野口澄夫氏『続続あびこガイド余話』によれば、日立は「まず料亭みどりを買収（別館地区九、一四九坪）、その後、本館地区五、〇三一坪、合計一四、一八〇坪を取得した」とあり、国道三五六号から入って敷地の中央を走る道路の西側が別館地区で大谷別荘跡地、東側が本館地区で戦時中大谷農園のために買い足した土地である。料亭みどりは、大谷別荘建物の一部を利用していたと思われるが、実態はよくわからない。料亭は築地産業の経営かと思われる。料亭みどり、築地産業のことについて、是非お教えいただきたい。

二〇〇二年以来、「我孫子の景観を育てる会」の企画運営で、研修所庭園が公開がされているが、現在、手賀沼沿岸の豊かな松林などが失われていく中で、往時の自然の残る数少ない庭園である。

沼田才治別荘(地)

沼田才治の生年や経歴等は不明である。わずかに最晩年とみられる一九四〇年（昭和一五）版の『日本紳士録』（交詢社刊）に、「帝国乾餾《かんりゅう》工業（株）取締、四谷須賀四三」などとある。乾餾（溜）とは、「空気を遮断して加熱することで物質を分解する作業」で、製鉄に必要なコークスは石炭を乾溜して作るが、その際の副産物のコールタールを使って伝導性の高いピッチコークスを生産する会社で、(13)その頃新しい技術を取り入れて発展した企業ではないだろうか。

沼田才二は、一九二六年（大正一五）九月に大谷別荘の東隣に約一町五反余（約四五〇〇坪）の山林を購入、一九四〇年（昭和一五）七月沼田岳二に相続され、同年九月宮原音一に売却されている。このことから同年が沼田才治の没年かと推定される。我孫子での活動は、次章で述べるように、手賀沼干拓反対の陳情書への署名、また養魚試験場の寄付に応じ、その残金の我孫子風致会への寄付にも応じている（第五章）。このように全く資料がないわけではないが、別荘は建てられたのかとか、我孫子での生活など、ほとんど分からない（図0—5の沼田所有地跡に建物がみられるが、沼田の建てたものかは不明）。

相続した岳二は才治の子と見られるが、前述の日本紳士録の同頁に、「沼田岳二　医博、北里研究所副部長」などとあり、『北里大学十年史』（一九七三年）には、岳二は一九三一年北里研究所入所、北里大学血清学教室教授を経て六七年～七〇年同大学二代目学長を務めたとある。近年沼田の別荘地跡には、多数の分譲住宅が建ち並んでいる。

三菱鉱業会長三谷一二別荘

三谷一二（一八七一～一九六五）は、広島県沼隈郡山手村（福山市山手）の生まれ、福山中学（誠之館高校）を経て東京高等商業（一橋大学）に入り、在学中岩崎家の家庭教師として同家の学寮に寄寓、そこで岩崎弥太郎に認められた。卒業後一八八六年（明治二九）、三菱合資会社に入社、同銀行部、営業部上海、長崎各支店長、東京本社営業部石炭課長兼東京支店長など歴任、一九一八年（大正七）新規設立の三菱鉱業会社常務取締役に就任、二四年から三六年（昭和一一）まで同取締役会長を務めた。太平洋戦争の末期、郷里に帰り、四四年九月から戦後の四六年二月まで、最も厳しい局面のなかで広島県福山市長を務め、また四五年から二〇年間母校誠之館高校同窓会長を務めた。三谷は東京高商の五年間ボート部で活躍、卒業後大正から昭和にかけて母校ボート部を熱心に指導、のちに競漕会会長も務めた。[14]

図4-5　三谷一二
（『三菱鉱業社史』）

三谷がなぜ我孫子を選んだか。同時期に我孫子に別荘を求めた大谷登とは大学が同窓、卒業も同期、会社のトップ同士など共通点も多いことから、関係を知りたいと思ったが果たせなかった。三谷別荘は、島久別荘の西隣で、一九二七年（昭和二）三月子の神の山林約一町三反二畝二二歩（三九八二坪）の広大な土地を購入、建物の存在もはっきりしているが（越岡禮子氏によれば、一九七〇年前後に火事で焼失したという）、建物の様子や我孫子での生活など調査は進まなかった。ただ、後述の手賀沼干拓反対の陳情書への署名や淡水養魚試験場誘致のための寄付など手賀沼保勝会関連の活動に協力的だったことは間違いない。我孫子での活動がはっきり分からないのは、三谷がちょうど会社の中心にいて最も多忙な時期で、その後郷里に戻ったからかもしれない。

家族は、妻チヨと五男五女。長男雄一郎は三菱商事から三菱石油取締役を務めた。雄一郎の二男礼二（一九三四～一九九一）は、戦時中我孫子に疎開していたという。戦中・戦後の少年時代の何年かを祖父が郷里福山に退いた後の三谷別荘で生活したと思われる。その後東京に戻り、学習院大学在学中、日活映画「孤独の人」の撮影に演劇部員だった三谷が協力したことが大学除籍処分の理由となった。同映画は皇太子明仁親王（現上皇）の日常を描いた西河克己監督の作品で、同級生らが東宮侍従らをだまして皇太子を銀座に連れ出すという「銀ブラ事件」シーンが話題になり、右翼などの批判にさらされた。三谷の処分もそのあおりを受けたものだった。大学中退後、責任を感じた西河監督に誘われて日活俳優部に入り、秋津礼二の芸名でフランキー堺主演「幕末太陽伝」など十数本の映画に出演、その後吉永小百合主演の「キューポラのある街」などの宣伝を担当した。

しかし、三谷礼二の名を高めたのは、日活を退社後に携わったオペラの演出であった。三〇代に入り二年間欧米を旅行、そこで多くの素晴らしいオペラやミュージカルを観て歩き、オペラのとりことなった。三谷は自分のオペラ演出について、「一番大事にすることは、総合的な良さをどのようにすれば、最高に抽出できるか（中略）そこで新しいアイディアを入れ、台本や楽譜べったりのオペラではなく、台本と楽譜から自分なりの新しいドラマを創り出そうとすると、最初に重要なのは、舞台美術を決めること（中略）舞台装置家と一緒に、舞台全体の雰囲気の視覚的コンセプトを打ち出す必要があります（中略）後はそれに合わせてキャスティングをし、実際に歌いながら稽古して舞台を作っていく」など述べている。その独創的な手法を取り入れたことが高い評価を生んだといわれる。(15) さらに大きな期待がかけられていたが、病魔に冒され、五六歳の若さで惜しまれながらその命を閉じた。

ヘチマコロン安永秀雄の別荘

安永秀雄（一八九二〜一九四二）は、化粧水ヘチマコロンの製造創業者である。父鉄蔵は、兵庫県姫路郊外の出身、一八八二年（明治一五）頃三五歳前後に上京、石鹸工場を創業して成功をおさめた。しかし二男秀雄は独立心旺盛で、苦労や失敗を重ねたが、「他人から委託を受けて、ただ製品を作っていたのでは一生職人で終わる、何とか独自の商品を作り、宣伝を思い切ってやりたいと思い続けた」。一九二一年（大正一〇）、日本の伝統的化粧水として知られていたへちま水に注目、フランスで流行していた化粧水オーデコロンの語呂の良さを取り入れて「ヘチマコロン」と命名して製造し、当時東京随一の小間物商と定評のあった天野源七商店に販売を委託した。初めなかなかうまくいかなかったが、三年目の二三年の春から突然売れ行きを増し始めた。しかしその矢先の九月一日関東大震災が起こり、もはや再興不能と諦めかけたところ、復興気分が東京下町に起こり始めた。閉店していた天野商店もヘチマコロンの販売に力を入れ、安永はヘチマコロンの広告に力を集中させた結果、売り上げが年ごとに倍増する勢いになった。なかでも三〇年（昭和五）八月三日の『東京朝日』に掲載したヘチマコロンの広告（図4―6）は竹久夢二が手がけて大変な反響を呼び、「ヘチマコロンといえば夢二」というイメージを決定づけたと言われる。

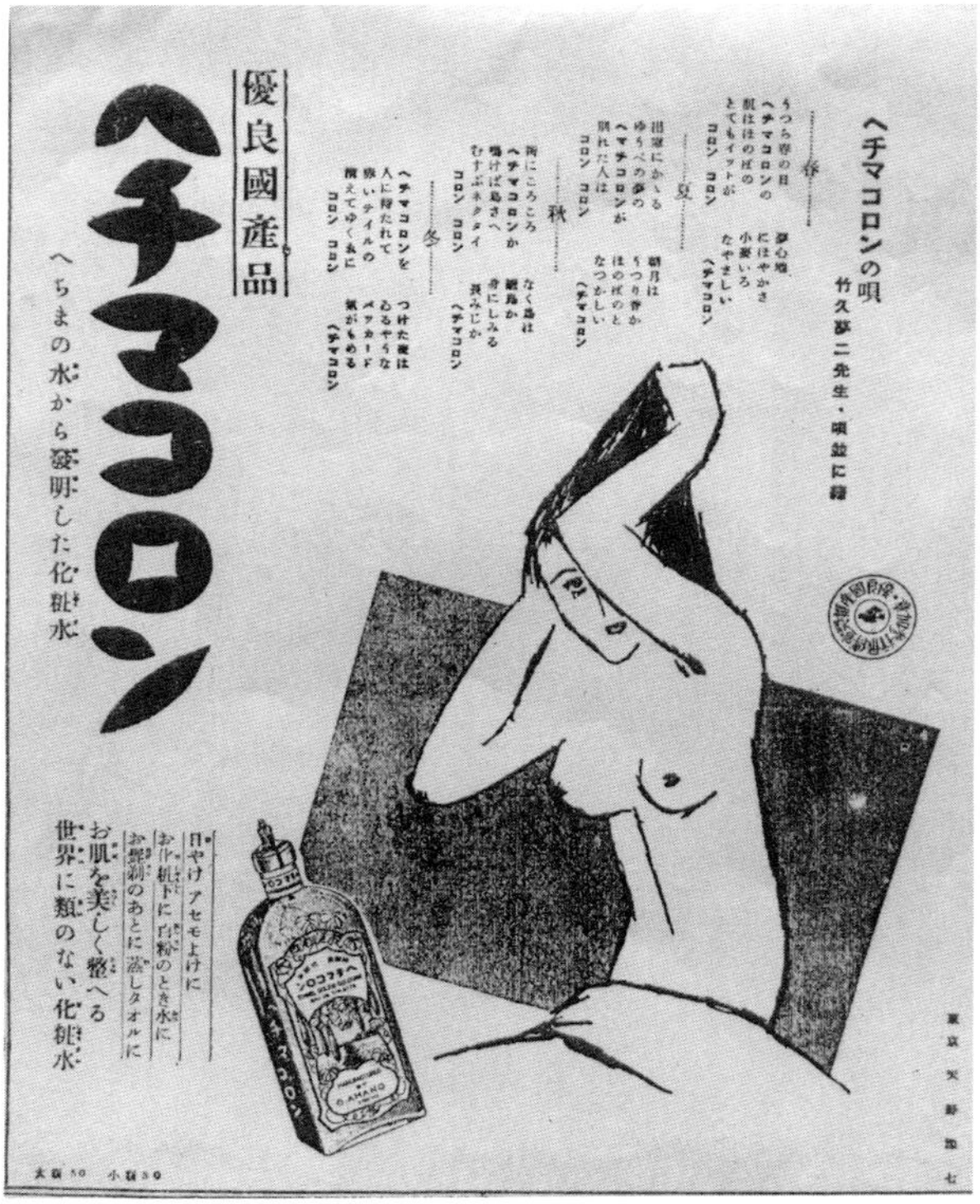

図4-6　竹久夢二作のヘチマコロンの広告
（『東京朝日』1930年8月3日）

我孫子の別荘は、父鉄蔵のために二八年七月に嘉納別荘の東隣の字南作の畑約一反四畝（四二〇坪）を購入して建てられた（土地の名義は秀雄の妻ヒデ）。「我孫子の小熊さんへ家内の姪が嫁ぎ、そのお祝いに親父と出かけ、その折手賀沼を見て風景の良さ、稲穂を通して吹き来るそよ風、実に良い気分で親父がすっかり気に入り、こんな所で、生まれが百姓だから畑作りでもして余生を送りたいと云うので、小熊さんに良い場所があったら隠居所を建てたいのでお世話願いたいとお願いして帰り、その後間もなく、嘉納さん（嘉納治五郎）の別荘の山続きで一番景色の良い場所が見つかったと返事を頂き、早速この場所に決めた。傾斜の土地で、山の台地、中腹、下の平地と三段に地をならし敷地作りが大変でした。登記面では五百坪位の土地でしたが実際には千坪近く有りました。庭造りやら敷地造りに意外に手間どり、建築は中々はかどらず、親父は一日も早くここに落ち着きたく、大工を督励旁々、日参して居たようです」。しかし、鉄蔵はその後間もなく病に倒れ、別荘の完成を見ずに亡くなったという(16)。

4　多彩な人々

結核予防に尽力した伯爵亀井茲常別荘

図4-7　亀井茲常
（『島根県歴史人物事典』）

安永別荘は、一九三四年（昭和九）一一月、我孫子に別荘を探していた伯爵亀井茲常《これつね》（一八八四〜一九四二）の手に移った。亀井伯爵と親交のあった楚人冠は、我孫子の別荘探しに尽力、同年八月には亀井の使を地元の飯泉半六などに案内させて子の神まで広い範囲を探しまわった結果であった。一一月二七日の楚人冠の「日記」に「亀井伯――けふへチマコロンの別荘に移れるとの通知あり」

とある。翌年の正月には、亀井夫妻が先に楚人冠邸を年始に訪れ、恐縮した楚人冠は翌々日に亀井別荘に新年の挨拶に出かけたことも記されている。

茲常は石見国（島根県）津和野藩の最後藩主亀井茲監の孫である。茲監は人材育成に努め、西周や森鷗外などを輩出したことでも知られている。茲常は父茲明が三五歳で早世したため一二歳で家督を相続、鷗外は亀井家の家政評議員として茲常を後見し、茲常の東京帝国大学卒業後、英仏への留学出発の際横浜桟橋で見送り、その風景を「桟橋にて」という作品に残している。

茲明・茲常父子は宮内省侍従として仕え、茲常は一九二一年（大正一〇）皇太子裕仁（昭和天皇）のヨーロッパ外遊に東宮侍従として随行したが、途中病に倒れ帰国を余儀なくされた。病名は不明であったが、一説には結核のような症状だったという。二九年（昭和四）官を辞した茲常は、その翌年ごろ湘南二宮（神奈川県二宮町）に別荘を持ち、結核診療所の設置を計画、二宮ホームと名づけた。その目的は「将来結核の病人の一人も居ない理想的健康村として聊《いささ》か結核予防の実例を残さんとの欲望もあって一つの試験地に選んだ」と後に書いている。しかし、まだ抗結核抗生物質もなく不治の病とされ偏見も極めて強かった時代、三二年一月全村の反対を押し切って開業されたが、二宮ホーム焼打ち事件なども発生し、三四年閉鎖を余儀なくされ、後に村に寄付されたという[17]。

亀井に我孫子での結核診療所や療養所計画などはなかったことから、自らの静養の場、結核予防の啓蒙書の執筆などに使うのを目的にしたのかと思われる。この時期には、いくつかの結核予防の提案や政府案批判などが書かれている。楚人冠も明治期から結核予防には力を注いできたこともあり[18]、ともによき理解者だったと思われる。亀井別荘は三九年（昭和一四）一一月売却され、亀井茲常はその三年後、四二年五八歳で逝去した。

総理大臣近衛文麿の別荘

公爵近衛文麿（一八九一～一九四五）が我孫子に別荘地を購入したのは、一九三一年（昭和六）一二月二三日、我孫子ゴルフ場の西隣、字宝津窪の山林二反九畝二三歩（八九三坪）であった。それ

図4-8　我孫子ゴルフ場の近衛文麿（陽明文庫蔵　杉並区立博物館主催『国史跡指定記念特別展「荻外荘」と近衛文麿』図録から複製）

から一〇年近くゴルフ目的の別荘を維持した。詳細は次章で述べるが、この別荘地は我孫子カントリー倶楽部によってゴルフ場建設と併せて売り出された別荘地であった。文麿は正会員、ゴルフ好きの長男文隆（一九一五～一九五六）は在外会員（後に特別会員・正会員）となり、ゴルフを楽しんだ。この別荘はゴルフを楽しむために設けられたと思われる[19]。

近衛文麿は一八九二年（明治二五）、公爵近衛篤麿の長男として誕生した。平安末期、関白忠通のころ藤原氏は、近衛家・九条家の二流に分かれ、近衛家の始祖は忠通の長男基実《もとざね》（六代前が藤原道長）であった。さらに近衛家から鷹司家、九条家から二条家と一条家が分立、この五家で摂政・関白を独占しつづけ五摂家といわれた。その筆頭格が近衛家で、その後も皇室との姻戚関係を持ちつづけて皇室に次ぐ由緒ある家柄とされたのである。

文麿は、学習院中等科から受験で第一高等学校、東京帝国大学文科大学哲学科へと進んだが、わずか一か月で京都帝国大学法科大学に転じた。それは京都帝国大学の河上肇（『貧乏物語』の著者）の社会科学に惹かれたからであった。京都では、学習院の先輩木戸幸一や原田熊雄らとともに哲学の西田幾多郎とも交際を深め、また京都の別邸清風荘滞在中の西園寺公望と知り合い、のちにベルサイユ講和会議への随行を許されるなど、西園寺側近の一人とされるようになる。こうしてのちの政治家としての下地が形成されていった。しかし、ここで近衛の政治主張や詳しい政歴を述べるゆとりはない。

近衛の結婚は一九一三年（大正二）二二歳のとき、相手は豊後大分の小藩佐伯藩の旧藩主で子爵毛利高範の次女千代子、当時には珍しい恋愛結婚であった。家柄が公爵家と子爵家という格差を気にする声もあったが、嘉納治五郎夫妻を仲人に立て婚約、結婚へと進んだ。なぜ嘉納に仲人を依頼したのかなどの経緯は不明だという。文麿の趣味は読書、ゴルフ、書道。また軽井沢、興津、鎌倉など多くの別邸・別荘を所有していた。とくに荻窪荻外荘《てきがいそう》は、はじめ医師の入沢達吉から別荘として購入したが、のちに自宅兼用として重要な政治・外交にも利用された。戦後は吉田茂が購入した。[20]

近衛の我孫子別荘が存在した一九三一年からの一〇年間、満州事変以降の戦争期に入り政治家近衛への期待が高まり、三七年六月総理大臣へと押し上げられていったが、その直後七月七日の盧溝橋事件を発端に日中全面戦争となった。そのような時期に、好きなゴルフで我孫子別荘を訪れる機会は多くはなかったと思われる。別荘の写真もなく、建物の様子やどのくらい利用されたかなどほとんど分からない。そうしたなか、図4―8の一九三八年（昭和一三）五月一九日我孫子ゴルフ倶楽部で撮影された二枚の写真は、大変貴重なもので、所蔵者陽明文庫のご許可と図録を作成した杉並区郷土博物館（杉並区教育委員会）のご厚意で掲載させていただいた。

この日の楚人冠の「日記」には、楚人冠が参加したジャーナリストなどのゴルフ会「ＰＧＡの会」のことが記されているが、その後段に「近衛公、原田男《元老西園寺公望晩年の私設秘書原田熊雄男爵。原田は戦争末期近衛、吉田茂などと秘密裏に終戦工作を行った》などとも会す、大谷登、斎藤武雄二氏とも会す」（《 》内は小林）などと書き残していることから。この日我孫子ゴルフ場では、ＰＧＡのほか、近衛・原田などのグループや大谷たちのグループもプレイしていたことが分かる。その一週間後の五月二六日第一次近衛内閣の内閣改造が行われたが、戦況は泥沼化していった。

一九四〇年一月三日楚人冠の「日記」には、「渡辺斉老来訪、年賀の為なり、ゴルフの方の肥料のこと、近衛別荘の火事のことなど語る」とあり、近衛別荘が火事で焼失したことが記されており、同年一〇月別荘地は売却された（「旧土地台帳」）。時局はもはやゴルフどころではなくなっていた。同年七月第二次近衛内閣が組閣、大東亜新秩序と国防国家建設の方針を決定、日本軍の北部仏領インドシナ進駐などが進められ、四一年一二月つぎの東条英機内閣によって日米開戦となった。一九四五年（昭和二〇）八月戦争に敗れ、戦犯として近衛文麿も指名されたが、同年一二月荻外荘で服毒自殺を遂げた。長男文隆は応召されていたが、戦後シベリアに抑留され、五六年抑留先で死去した。

現在別荘跡地には、我孫子市近隣センター「こもれび」が建ち、ゴルフ場など周囲の豊かな緑と融合して市民の学習と憩いの場となっている。

三樹荘の人々——

①法学者・最高裁長官田中耕太郎

法学者で東京帝国大学教授、戦後には吉田茂内閣の文部大臣、最高裁判所長官、国際司法裁判所判事等を務め、文化勲章を受章した田中耕太郎（一八九〇〜一九七四）が、初めて手賀沼・我孫子を訪れたのは、欧米留学から帰国した一九二二年（大正一一）六月から志賀直哉が我孫子を離れる前の翌年三月はじめまでの時期だったと考えられる。その日のことを田中は、「柳宗悦氏が、母屋と別棟になっている、沼のすばらしい、柳氏自身数寄をこらして設計した書斎を手ばなしたいと考え、買い手をさがしていることを聞いた。書斎の建物と眼下に見る沼の風致とにすっかり魅惑され、私は書斎を六百円で手に入れ」ることに決め、「柳邸に次いで志賀邸をおとずれた。それは柳邸から遠くない、同じ沼の眺めの美しい、小山を背にした茅ぶきの平屋であった。何を話したかすっかり忘れてしまった。ただ楽しかった印象だけが残っている」と志賀の追悼文「志賀さんと我孫子」(21)に書いている。田中が初めて我孫子を訪れた日がいつだったか、少し幅はあるがそれを推測できる資料でもある。

田中はまた、自伝的著作『私の履歴書』(春秋社版)に、「新婚後、我々は三年間を我孫子に住まった。住居は手賀沼に面した丘の上の柳宗悦君の親戚谷口氏の所有であった。私は結婚前から、離れ屋の柳君の書斎を買いうけて、そこから東京に通っていたので、母屋の方をも借りることにした。当時、志賀直哉、武者小路実篤、柳宗悦など白樺系我孫子の開拓者たちは引き揚げたあとであり、ひとり中勘助だけが頑張っていた。朝日新聞の杉村楚人冠は我孫子第一の名士であり、東京との往復でよく一緒になった」とも書いている。谷口氏とあるのはこの土地の所有者は宗悦の姉谷口直枝子であるが、夫の谷口尚真を指しているようにも思われる。谷口はこのあと海軍大将、海軍軍令部長へと昇進した。

また楚人冠は、一九二七年(昭和二)七月一〇日の「日記」に、「田中耕太郎君来訪、今日巣鴨に引き越すべしといふ。初めての来訪にて最終の来訪なり。いろいろ物語りて時を移す」と記している。

これら三つの資料から、田中は志賀の我孫子在住時に我孫子を訪れて柳の離れの書斎購入を決め、志賀が去った二三年三月以降結婚前の二四年までは書斎に、結婚後は母屋をも借りて二七年七月まで三樹荘から東京の大学へ通勤していたことが分かる。それは関東大震災を挟む四年余りのことであった。

この時期は、田中夫妻にとって公私とも大きな転換期であった。私的には、独身時代、恩師松本烝治の娘峰子との結婚、さらに峰子の聖公会(カンタベリー大主教のイングランド国教会系)からカトリックへの改宗、耕太郎も内村鑑三の無教会主義キリスト教からカトリックに改宗という夫婦二人の宗教的転換が重なった。公的には、耕太郎は一九一五年（大正四）東京帝国大学法科大学を優秀な成績で卒業後、それまでの専攻とは異なる商法研究を目的三年間欧米留学した。我孫子時代、一一年六月帰国後松本烝治の商法第一講座を引き継ぎ、翌一二年三月教授に昇進した。カトリックへの改宗は、私的ことだけではなく、公的にも田中の学問や思想面においても大きな変化を与えたといわれる。

②「日本百名山」深田久弥と児童文学者北畠八穂

『日本百名山』でよく知られる登山家で作家の深田久弥（一九〇三～一九七一）と児童文学者北畠八穂（一九〇三～一九八二）が三樹荘で新所帯をもったことを北畠八穂の側の資料から明らかにし、二人にとって「我孫子は波乱の人生の旅立ちの地であった」と評したのは、前述、地元我孫子の歴史を調査研究し、ガイドも務めている越岡禮子氏である。

二人の出会いは、大正末郷里青森で脊椎カリエス療養中の北畠が雑誌『改造』の懸賞小説に応募し落選したが、『改造』の編集者だった深田からの「選者の一人佐藤春夫は高い評価をしていた」との手紙が契機となり、文通を重ねて愛を育んだ。北畠は一九二九年（昭和四）上京、それぞれの実家の反対を押し切って裸一貫で新婚生活を始めたのは、田中耕太郎の去った後の三樹荘だったのである。その暮らしぶりは、深田が勤めに出たあと、八穂は病床でうつ伏せになりながら創作に励み、「オロッコの娘」、「津軽の野づら」などを書いた。それらの作品は、当時作家として少しは知られていた深田の作品として発表されて好評を得たが、深田自身の作品の評価は低かった。三樹荘には翌三〇年春までいて、堀辰雄の勧めで東京の本所小梅町に移り、正式に結婚した。

ところが、一九四一年久弥が友人の結婚式で再会した初恋の人（その友人の姉）との間に、子供までもうけたことを八穂が知るにいたり、戦後の四七年（昭和二二）離婚した。その際八穂は久弥の作品が八穂の作品だったことを明かしたため、久弥は中央文壇から離れ、故郷石川県に引きこもった。そのとき久弥の無類の登山好きとその山行記が認められるようになり、山岳誌『山と高原』の連載から『日本百名山』が生まれたという。一方八穂も児童雑誌に次々と発表した童話が高く評価され、「鬼を飼うゴロ」が第一〇回野間児童文芸賞・第一九回サンケイ児童出版文化賞大賞を受賞するなどした。(22)

国際派ジャーナリスト頭本元貞の「山の家」

楚人冠邸のある敷地（現・緑二丁目）と道を挟んだ北側（寿一丁目）の楚人冠所有地に別邸（「山の家」と称された）を設計して、週末の安らぎの場としたのは、著名なジャーナリスト頭本元貞《ずもともとさだ》（一八六三〜一九四三）である。

頭本は鳥取県出身、一八八四年（明治一七）札幌農学校卒業、翌八五年ブリンクリーの経営するジャパンメール記者となり、同年一二月成立した第一次伊藤博文内閣の首相秘書官を兼任、九二年の第二次伊藤内閣でも首相秘書官を務めるなど伊藤の信頼を得た。九七年（明治三〇）同郷の先輩山田季治（社長）、札幌農学校同級生武信由太郎（副主筆）らと英字新聞『ジャパンタイムス』を創刊、主筆となったが、翌年第三次伊藤内閣が成立すると三度目の首相秘書官を務め、さらに一九〇六年伊藤の韓国統監就任に際して、勅任待遇の幕僚となり、ソウルで、『ソウルプレス』を買収して社長兼主筆として統監府の広報を担った。しかし、伊藤は〇九年一〇月ハルピンで朝鮮の愛国者安重根に暗殺された。このようにときの権力とも深い関わりをもった前半生であった。

この年頭本は、ニューヨークに渡り、東洋通信社を創設し、『オリエンタル・エコノミック・レビュー』を創刊、一一年には日本に戻ってジャパンタイムス社長に就任、さらに一九一四年（大正三）にはヘラルド社創設、英文雑誌『ヘラルド・オブ・エシア』を発行するなど国際派ジャーナリストとして活動に邁進した。大正末期から昭和初期にかけて太平洋問題調査会に参加して活動をつづけた[23]。

楚人冠の「日記」によれば、頭本と初めて知り合ったのは、一九〇六年（明治三九）、日露戦争直後の朝日新聞社主催の「満韓戦跡巡遊船」を率いてソウルを訪れた際、統監府の招宴があり、その打合せを頭本と行ったのが最初であった。その後、外国新聞通信員と日本の記者との連合組織「国際新聞協会」の中心メンバーとして頭本と楚人冠は交流を深め、さらに二人は一九二一年（大正一〇）ハワイで開かれた第二回世界新聞大会の日本代表として出席、その絆を強めた。楚人冠は、頭本を「師友」と称して国際派ジャーナリストの先輩に敬意を払ったのである。

頭本が我孫子に別邸を設けようとしたのは、一九二九年（昭和四）六六歳のころである。別荘地を探して我孫子城址付近の稲荷峠《とうかびょう》や布佐の利根川沿岸まで足をのばしたが、結局楚人冠の所有地で、杉村邸の道を挟んだ向かいに落ち着き、借地借家契約を結んだ。設計は頭本が行った。翌三〇年六月から工事が始まり七月半ば過ぎには完成した。コテージ風の別荘で、この「山の家」に初めて入ったのは、八月はじめの土曜日、土日と二泊して月曜の朝楚人冠の出勤とともに帰京、それが慣いとなった。外出しないときは読書や原稿執筆、また楚人冠と様々なテーマで語らい、外出は趣味の釣りや散歩、時

図4-9　湖畔吟社・朝日俳句会合同大利根吟行（湯下家蔵）

布施東海寺にて

「左から２人目　頭本　３人目　楚人冠」

には楚人冠と関宿、野田、運河、布施弁天、本土寺などを訪れ、昼食に老舗の料理屋を見つけては杯を傾けることが好みであった。また流山の秋元家や花野井の吉田家を訪ねることもあり、安食や成田、一泊で筑波山、あるいは袋田の滝まで足をのばすこともあった。

さらに楚人冠の主催する俳句結社湖畔吟社の吟行（図４―９湖畔吟社は次章参照）や地元の有力者との自由な話し合いの会などにも参加した。また、二人が所属する数理研究会と称するポーカーを楽しむ会も東京からの会員を迎えて山の家で行うこともあった。会員は頭本、杉村のほか外交官小松緑、電通や同盟通信社で活躍した上田碩三など八、九人のサークルである。頭本は、一九四〇年我孫子を去り、銚子や上総一ノ宮で余生を楽しみ、四三年（昭和一八）自宅で腎臓病のため逝去した。

岡田嘉子・竹内良一と大衆キネマ撮影所

岡田嘉子（一九〇二〜一九九二）と竹内良一（一九〇三〜一九五九）とが楚人冠邸に挨拶に来たのは、一九三一年（昭和六）五月二四日のことであった（楚人冠の「日記」）。舞台女優から二四年（大正一三）日活入りした岡田は、映画スターの地位を高めていき、岡田をイメージした大作映画「椿姫」が企画され、相手役を外松男爵家の御曹司竹内良一がつとめることになった。監督は村田実、二七年（昭和二）三月撮影が始まった。岡田は、この映画の副題「新しくは装えども古き心をもてる女の悲劇」に共感し、大きな期待をもって臨んだが、監督の演技指導と岡田の考えは大きく食い違っていた。ロケ中、群衆の面前で監督に罵声を浴びせられたのがきっかけであったが、それとは別の個人的事情などすべてを竹内に打ち明けたところ、竹内が同情、同情が愛に変わり、九州などへの逃避行となった。この「椿姫事件」のスキャンダルによって二人は日活を解雇され、大きな映画会社からも締め出され、竹内は結婚に反対する男爵家から廃嫡を宣告された。これに対し、同年九月作家直木三十五などの肝いりで岡田嘉子一座が結成され、竹内の妹京子も加わり全国各地を回り、朝鮮・中国・台湾にも足をのばした。大当たりもしたが、二人の奔放さに対する反感も強く、激しいヤジに舞台で立ち往生する場面も多く、興行の引き受け手もなくなり、結局三〇年一座解散となった。

図4-10　岡田嘉子
（『アサヒカメラ』1932年１月号）

その年の一〇月、竹内はそれまでの無声映画に対して

図4-11　千葉・我孫子にあった16㎜撮影所
（高橋三恵子『岡田嘉子との六〇年』）

トーキー映画への期待から、大衆キネマという家庭用小型（一六ミリ）トーキー映画制作会社を設立、岡田の主演、竹内の監督で舞踊や流行小唄を題材に「神田小唄」、「子守歌」などを制作して、十字屋小型映画部から販売した。翌三一年、撮影スタジオを我孫子の白山に新築した[24]（図4―11）。二人が楚人冠邸を訪ねたのはこのときであった。小型映画協会なども傘下に加わり、ここで「君恋し」、「浪花小唄」、「東京行進曲」、「私此頃変なのよ」など流行歌を題材にした作品が制作されたという。同年八月には次項で述べる藤間静枝の藤蔭会の支援をうけてこれらの映画と岡田の舞踊を加えて「流行歌トーキーと舞踊の夕」を開催して宣伝にも努めた。この直後、藤蔭流を創設した藤蔭静枝から岡田は藤蔭嘉子の名取を許され、藤蔭流「新舞踊」にも励んだ。当初大衆キネマの撮影所は駒沢に設立する計画だったが、我孫子に設立された。それは地価などの条件からだったのか、あるいは藤蔭か誰かの強い薦めであったのかは分からない。岡田らが挨拶に来て後の六月七日、楚人冠は頭本元貞を誘って散歩のついでに撮影所見学に訪れた。そのときは竹内が対応した（前掲「日記」）。

さらに同年一一月三日、全関東写真連盟主催の撮影競技会が手賀沼湖畔我孫子付近で開かれ、その結果が『アサヒカメラ』同年一二月号と翌三二年一月号に掲載された。「かがやく明治節、鏡のような手賀沼は秋晴に照り栄えていた。沼をかこむ我孫子の高台、白馬城、子の神、大谷邸、大衆キネマ、嘉納農園、ゴルフリンクス等が全関東写真連盟の競技会に絶好のサブジェクトを提供した。それにも増して嬉しかったのは、我孫子町の人々の好意であった。遊覧地に見る不愉快さもなく、人ずれのしない純朴な人々によって連盟会員は完全にその日をエンジョイした」と朝日新聞社の成沢玲川は書いた。モデルにも快く応じた岡田の人気はその日のヒロインでもあった。特選は鍬をかつぐ農夫の「屋外ポートレート」、準特選に岡田の「屋外人物」（図4－10）など九点が選ばれた。

しかし、まもなく竹内と岡田は松竹蒲田撮影所に入り映画界に復帰したため、我孫子の大衆キネマ撮影スタジオは短期間でその幕を閉じた。その後、竹内は「天国に結ぶ恋」などに主演したが、上原謙など新しいスターの台頭によって次第に影が薄くなり退社。岡田も小津安二郎の「また逢ふ日まで」などで精彩を放ったが、田中絹代などの陰に隠れ、新派の井上正夫一座に加わり芝居の世界に戻った。また二人は離婚。岡田は、井上一座の「彦六大いに笑ふ」を演出した若手演出家杉本良吉に惹かれるようになった。日中戦争の泥沼化のなか、左翼で執行猶予中の杉本の徴兵を恐れて、二人は樺太のソ連国境から亡命を図った。しかし、ソ連政府は日本のスパイとして捕らえ、杉本は銃殺刑、岡田も逮捕収監された。戦後、岡田はモスクワ放送局の日本向け放送を担当する日本語課に勤務、そこでかつて井上一座で共演した一一歳年下の滝口新太郎と再会、滝口も戦争を経てハバロフスク放送局の日本語アナウンサーとなっていた。滝口もモスクワ勤務となり、二人は結婚した。一九七二年（昭和四七）、岡田は先に亡くなった滝口の遺骨を抱いて日本に里帰りし、その後も来日、自伝出版、舞台演出や出演、テレビ出演などを果たしたが、一九九二年（平成四）モスクワの自宅で亡くなった。[25]

新舞踊の藤蔭静枝と「崖の家」

同時代の劇作家で小説家かつ婦人運動家として著名な長谷川時雨《しぐれ》をして、「巴家八重次の藤間静枝よりは、十段まさった『美人面』の所有者は多過ぎるほど多いが、さてまたこの人ほどの女を選みだすことも難しい」（『近代美人伝』）と言わしめた藤蔭静枝（一八八〇～一九六六）。本名内田八重は、新潟で生まれ、五歳で老舗の妓楼庄内屋の養女となり、幼時から日本舞踊などを厳しく仕込まれ、新潟を代表する名妓となった。しかし一九歳の時初恋の人を追って上京、下田歌子の実践女学校に入学したが前歴を知られて退学、初恋も破れ、失意のなか女役者岩井粂八の内弟子となり、また歌人佐々木信綱から短歌を学んだ。一九〇二年（明治三五）川上音二郎・貞奴のもと「オセロ」の侍女役で初舞台を踏んだが、師匠の粂八は、小柄な静枝を役者には不向きだとして、日本舞踊の藤間流家元二代目藤間勘右衛門のもとで三年間修業、名取を許され藤間静枝と名乗ったが、生活のため新橋から舞踊芸妓巴家八重次の名で座敷に出た。そこで永井荷風と知り合った。

永井荷風（一八七九～一九五九）は、エリート官僚の家庭に育ち、一九〇三年父の意向で実業を学ぶために渡米、しかしそれになじめず、フランスに渡りオペラやクラシック音楽の演奏会などに通った。幼児期から母の影響で歌舞伎や邦楽に親しみ、中学では長期療養するが、そのとき文学に目覚め、渡米前から新進文学者として注目された。欧米で約五年過ごし帰国した年に「アメリカ物語」を発表、翌年出した「フランス物語」は発禁処分となるが鴎外や漱石に評価され、鴎外などの推薦で慶応義塾大学文学部教授に迎えられた。踊りだけでなく和歌など教養を身につけた八重次と恋に落ちたのはこの頃であった。しかし父の反対で一時は商家の娘と結婚したが離婚、父の死後一九一四年（大正三）八重次

図4-12　藤蔭静枝
（『近代美人伝』）

と結婚。だが二人の結婚生活は翌年終止符をうつ。その後荷風は生涯結婚せず、自称「戯作者」の人生を送ることになる。

静枝は日本舞踊家として新たな挑戦をつづけた。それは、坪内逍遥提唱の「新楽劇論」に端を発する新舞踊運動、「在来の歌舞伎を母体として成立、発展してきた」日本舞踊の枠を越えた「新しい舞踊」運動で、はじめ、逍遥の弟子長谷川時雨の「舞踊研究会」で時雨の新作が上演され、さらに六代目尾上菊五郎と提携した研究劇団「狂言座」が新作を中心に意欲的に活動した。こうした新しい舞踊運動は、専門の踊り手に引き継がれ、その筆頭となったのが藤間静枝だった。

静枝は、一九一七年（大正六）その活動母体「藤蔭会」を設立、毎年一、二回の新舞踊公演を継続した。各専門分野——企画・演出・美術・音楽——を一体化した新作舞踊を総合芸術として上演した。企画や演出は静枝、福地信世、勝本清一郎、美術は和田英作、音楽は町田嘉章・宮城道雄等々が担当した。また小品舞踊という、時代流行の童謡、歌謡、新民謡、歌曲などを取り入れて舞踊化し、さらに日本舞踊以外の洋舞、現代演劇、歌舞伎などからも出演者を招き、交流するなど新しい取り組みをつづけた。「藤蔭会」の命名は洋画家和田英作である。和田はパリ留学中の新しい舞踊運動を静枝に伝えたと思われ、自らも舞台美術を担当するなど静枝を後援した。[26] こうした新舞踊に岡田嘉子も入門した。静枝の師匠の二代目家元勘右衛門は自らも新舞踊運動に積極的にかかわり、静枝の藤間の名での「藤蔭会」の活動に理解があった。しかし三代目勘右衛門になると、藤間を名乗ることに抗議をうけ、一九三一年（昭和六）静枝は藤間を返上して藤蔭流を創設、初代家元藤蔭静枝を名乗った。

前置きが長くなったが、楚人冠の「日記」によれば、一九三八年（昭和一三）四月静枝は楚人冠邸を訪れ、「我孫子に隠棲を作りたい」と希望した。時に静枝五八歳、走り続けてきた舞踊活動の疲れと弟子の岡田嘉子のソ連亡命などの心労が重なった時期である。楚人冠は、この日来ていた頭本を誘い、沼縁りを歩いて大工岡田重三郎に相談に行き、その後静枝から家の間取りその他の希望を聞き、建設が始まった。同年五月末に上棟式、八月初めに完成した。同月一一日静枝は初めて新居に入った。新居は楚人冠邸敷地東側の一段低いところにあり、「藤栖舎」、「藤蔭荘」、「崖の家」などと称された。一一日の楚人冠の「日記」には、「藤蔭静枝一行、午後来りて新居藤栖舎に入る、満足の様子なり、行きていろいろ家の世話をする、先方よりも挨拶に来る」とある。静枝がここにきて安居する日は多くはなかったが、ときには楚人冠の母とみの隠居する「沢の家」で門弟と踊りを披露して慰めることもあった。四一年麻布葭町に新居が完成したこともあって、翌四二年七月我孫子を引き払った。

ところで、楚人冠がいつ頃から静枝と知り合いになったのか。一九二六年（大正一五）四月静枝から楚人冠宛の、弟子か身近な芸妓かの二年前の失踪事件が解決し、お礼にその子を連れて我孫子の家に伺いたいと書かれた手紙が残っている。このことからも少なくとも一九二〇年代前半には知り合っていたことが分かる。静枝が一九二八年（昭和三）パリ行を決意したとき、楚人冠にパリの朝日の支局員の紹介を依頼、また楚人冠も渡欧送別の舞踊会に妻の蘭と息子の正元と行ったことなどが「日記」に記されている。とくに楚人冠が一線を退いた一九三五年頃から、和歌山で静枝が「和歌山の四季」の舞踊披露を行った際、楚人冠が郷里和歌山の名所を案内、また八幡平の湯瀬温泉（秋田県鹿角市）

の宣伝のため楚人冠が作詞した「湯瀬の松風」（作曲・唄　哥沢芝松）のレコードを出し、踊りの振付を静枝に依頼するなど、親しく交流する機会が増えていった。こうしたなか、静枝が我孫子を安らぎの場とし、別荘をつくろうという気持ちになっていったのかもしれない。静枝の舞踊家としての活躍は戦後もつづき、一九六四年文化功労者に選定された。

陶芸家河村蜻山と三樹荘

三樹荘に六世尾形乾山から譲り受けた窯を築いて作陶に励んだバーナードリーチから二〇年後、再び三樹荘に窯を築いたのは河村蜻山《せいざん》（一八九〇〜一九六七）であり、同じく京都から我孫子に移り、蜻山を支え、のちに白山に我孫子窯を築いたのは岩村福之（一九〇三〜一九八八）であった。

河村蜻山は、野々村仁清以来伝統のある京都粟田口に粟田焼の名工河村卯三郎の長男として生まれ、京都市立陶磁器試験場に学び、一九一三年（大正二）第一回農商務省図案及び応用作品展に入選するなど早くから陶芸界で注目された。翌々年父の下を離れ、粟田から伏見深草に窯を築き新しい作品を発表、一九二五年（大正一四）パリ万国装飾美術工芸博覧会で金賞受賞、この時期若い陶芸家などに帝展に工芸美術部門の展示を要求する声が高まり、二七年（昭和二）第八回帝展で第四科工芸部門が新設された。工芸美術入選者一二一名中陶芸関係はわずか一五名・一八点。蜻山の作品は二点入選を果たした。三〇年には第四科審査員となった。加藤唐九郎編『原色陶器大辞典』の「陶芸」の項に、「おそらく一九三二年（昭和七）当時京都在住の河村蜻山が主宰して創設した『日本陶芸協会』を初見とする」と、陶磁器を工芸美術と認める「陶芸」の語を最初に用いたのが蜻山だったことを記している。

三七年京都を離れ、翌年我孫子三樹荘に居を移し、京式の登り窯・工房（我孫子深草窯）を築いた。我孫子に窯を移した理由は、「五十歳を目前に、過去のすべてを捨てて制作三昧に入りたい一心で移った新天地」（長女佐藤雅子）とも、「蜻山の作品の愛好家、支持者が東京方面に多かったから」（美術評論家南邦夫）ともいわれる。

蜻山は窯たきをしつつ、長女との結婚間近だった佐藤長信に、「作家というのはね、職人さんと違ってなんでも手掛けられなくては落第だと思う。築窯土練り、ろくろ、削り、絵付け、釉薬調合、釉掛け、窯たき。この中どれが出来なくても駄目、一貫して一箇の作品を作れる人が作家というものでしょ」とその信念を語ったという。（佐藤長信「温雅清淡な芸道に生きる」『目の眼』一九七九年一月号）。

図4-13　川村蜻山　楚人冠句碑前で
（『第二回河村蜻山展』図録）

岩村守氏（後述）は、多彩といわれる蜻山の陶芸の作域について、我孫子時代に限ると、やはり〈染付〉と〈つちもの〉とくに化粧手というべき一群であるとし、「蜻山先生の染付作品は、あの含みのある藍色のパターンが磁器の肌になじみ、豊かで深い趣をかもしだす『大皿染付松之図』などに代表される」、また〈つちもの〉の一群については楚人冠句の陶碑を上げ、「あの土の味わいが独特の〈やきもの〉の深みを滲み出す（略）我孫子時代の蜻山陶では、我孫子の粘土（もちろん低質で鉄分や有機物を含む）を探し求め、それを陶土に混入し、かつてない独特の土味を得た」などと評した。

我孫子在住は一九三八年（昭和一三）から一九五四年（昭和二九）鎌倉に移るまでの一六年間、公私とも厳しい時代であった。長男の戦死は大変堪え、また窯焚き用の松の割り木が手に入らず作陶がいよいよ困難になると陶芸をやめて画家に転向することまで考えたという。その反面、頻繁な手賀沼周辺のスケッチはデッサン力に磨きをかけた。また、長女の入学を機に我孫子尋常高等小学校（我孫子第一小学校）で陶器製作講習会を開いて児童らに陶芸の楽しさを教え、杉村楚人冠が主宰する地元の俳句結社湖畔吟社に加わり、自宅の三樹荘でも俳句会を催して優秀者に自作の作品を贈呈するなど、地元との交流にもつとめた。楚人冠との交わりは深く、湖畔吟社の人々と諮って楚人冠句碑を制作して、五一年楚人冠七回忌に楚人冠公園に設置した（図4―13）。陶碑は全国でも珍しいという。

鎌倉（北鎌倉浄智寺傍）に移って間もなく病に冒され療養生活を余儀なくされたが、五七年そこから数分の明月院に近い谷戸に背の高い京風の窯（明月窯）を設け、一九六七年（昭和四二）亡くなるまでの一〇年、土の調製から窯焚きまで一貫した「作家」生活を貫いた。鎌倉では茶道研究会に加わり、柳宗悦、志賀直哉の我孫子ゆかりの人たちや鈴木大拙、陶芸家加藤唐九郎らと交わった。六三年には芸術院恩賜賞を受賞、工芸関係で三人目であった[27]。

岩村福之と我孫子窯

岩村福之は、蜻山に請われ、一九四〇（昭和一五）我孫子に一家で転居して作陶を支えた。福之、

図4-14　岩村福之
（『岩村福之の陶芸』）

本名初太郎は、一九〇三年（明治三六）京都生まれ。一九一八年（大正七）京都市立陶器試験所付属陶工訓練所を卒業、沢田陶山の陶房に入る。商工省工芸展覧会に二六年から一〇回連続入選するなど実績を重ねていた。我孫子蜻山の陶房に入ってからも、戦中戦後に全国陶芸展覧会など多くの展覧会で入選、蜻山は鎌倉に移ったが我孫子に留まった。

福之は一九六〇（昭和三五）日展に入選、二男の守氏は六二年東京芸術大学彫刻科を卒業、当時東京芸大には陶芸科はなく、彫刻科でスケールの大きい造形の魅力や厳しさを学んだ。この年二人は、「我孫子窯」を設立し、個人作家に向いた小ぶりの登り窯を築き、五九歳の福之は制作に没頭する生活となった。守氏によれば、福之は「陶芸には集中力と体力が必要」なので「規則正しい生活を守り、食事にも気をつけ、酒、煙草の類は一切たしなまぬ日常を過ごしています。老齢のため手がふるえるからといって、絵付の細い線が画けない…では済まないのです」と言っていた。膨大な量のスケッチは、新聞折り込みのチラシや菓子などの包装紙の裏に手賀沼のほとりで観察した草花や小動物などを描き、夕食後には再び陶房に入りスケッチをもとに翌日制作する作陶図面を描いた。入念に作りこまれた作品は、手作りの上絵用の小さな薪窯で焼成した。電気窯が普及した当時、本焼きはもちろん上絵まで薪窯を使っていたのは稀なことだったという。一九六二年から八八年（昭和六三）年八五歳で亡くなるまでの二六年間、このような厳しい姿勢で作陶に励み、多くのすぐれた作品を残した。しかし、長年薪窯の煙を吸い続けた結果なのか、肺機能は大きく低下して肺気腫で亡くなった。

岩村守（一九三四～）氏は、父福之のそばで裏方の仕事に集中しつつ陶芸の道を歩み、一九六八年から玉川大学の陶芸コースの教授として次世代の指導にもあたり、退職後は作陶に専念している。また我孫子の文化保存の活動にも力を注ぎ、志賀直哉邸の保存運動にも尽力した。[28]筆者は陶芸の専門的なことは分からないので、守氏からは、陶芸のことよりも円地文子の小説「土地の行方」のこと、三谷礼二のこと、宮尾別荘のこと、戦中戦後の我孫子の町の様子などを教えていただいた。

第5章　別荘地から近郊住宅都市への模索

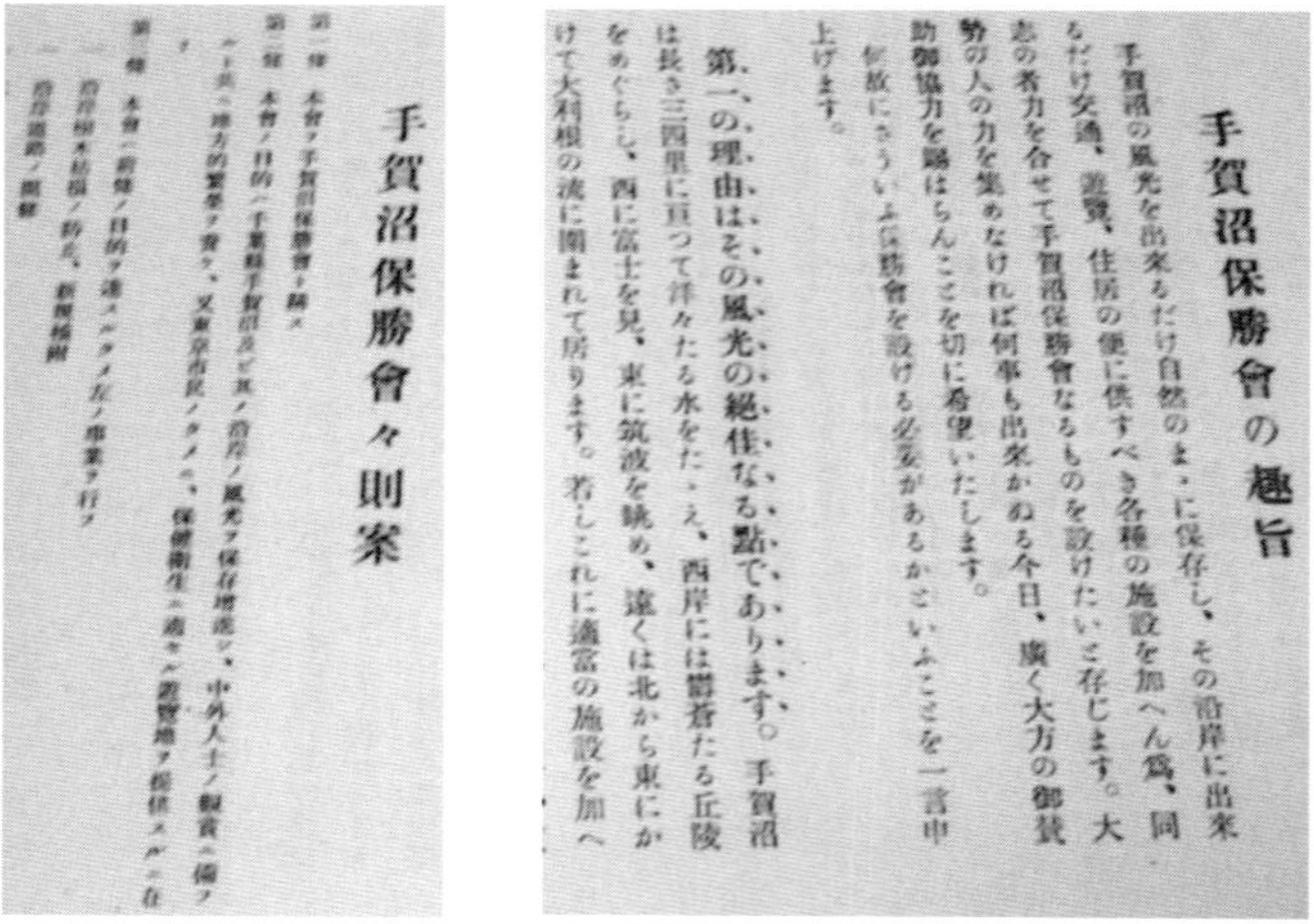

手賀沼保勝會の趣旨

手賀沼の風光を出来るだけ自然のまゝに保存し、その沿岸に出来るだけ交通、遊覧、住居の便に供すべき各種の施設を加へん爲、同志の者力を合せて手賀沼保勝會なるものを設けたいと存じます。大勢の人の力を集めなければ何事も出来かぬる今日、廣く大方の御賛助御協力を賜はらんことを切に希望いたします。

何故にさういふ保勝會を設ける必要があるかといふことを一言申上げます。

第一の理由はその風光の絶佳なる點であります。手賀沼は長さ三四里に亘つて洋々たる水をたゝえ、西岸には鬱蒼たる丘陵をめぐらし、西に富士を見、東に筑波を眺め、遠くは北から東にかけて大利根の流に圍まれて居ります。若しこれに適當の施設を加へ

手賀沼保勝會々則案

第一條　本會ヲ手賀沼保勝會ト稱ス

第二條　本會ノ目的ハ千葉縣手賀沼及ビ其ノ沿岸ノ風光ヲ保存増進シ、中外人士ノ観賞ニ備フルト共ニ地方的繁榮ヲ資ケ、又東京市民ノタメニハ、保健衛生ニ適セル遊覧地ヲ提供スルニ在リ

第三條　本會ハ前條ノ目的ヲ達スルタメ左ノ事業ヲ行フ

一　沿岸樹木植栽ノ励行、新規植樹

一　沿岸道路ノ開鑿

図5-1「手賀沼保勝会の趣旨・会則」
（杉村家資料）

関東大震災以降、都心部から交通の便のよい南西部の郊外別荘地への人口移動が激しくなり、別荘地は日常生活のための近郊住宅都市として発展を始めた。

こうした影響もあってか、手賀沼・我孫子の別荘地においても住宅都市への模索が始まり、その頃進められようとしていた国営手賀沼干拓の動きに対して、干拓に代わる新たな町おこしの構想が生まれ、我孫子町だけでなく隣の柏町にも大きな影響を与えた。

本章では、近郊住宅都市への模索段階にあった昭和前期すなわち一九四五年（昭和二〇）八月の敗戦までの動きを見ていく。

1　「住宅都市」構想の芽生え

手賀沼干拓への新たな反対論

干拓によってではなく、手賀沼の豊かな自然と景観を生かして沿岸地域の発展を考えるという新たな発想から、住宅都市の将来像を描いていたのは杉村楚人冠であった。それは、我孫子に別荘を設けて間もない一九一三年（大正二）、千葉県による手賀沼の全面的干拓計画を知ったときからであった。

手賀沼は、江戸時代以来何度も大規模な干拓が計画され、実際に計画が実施に移されたこともあったが、いずれも失敗に終わった。その主な理由は、手賀沼とその排水先利根川との水位差が僅かしかなく、利根川の水位が大きく上昇すると手賀沼に大量の洪水が逆流して、逆流防止の水門（圦樋《いりひ》）や堤防を破壊して沿岸の農地に大きな被害をもたらしてきたからである。また、沿岸農民にとっては、大規模干拓は失敗のリスクが大きく、経済的にも労力的にも大きな負担がのしかかることは経験上も知っており、さらにいえば、確かに年々の水害に苦しめられてはきたが、地元の力で可能な沿岸の小規模干拓は押し進めても、大規模干拓となると鳥猟、漁撈、水藻などの農業肥料など、これまで農業の不足を補い生活を潤してきた豊かな自然を失うことになることから、全面的に賛成とはいえないというのが本音であった。

千葉県は、一九一二年（大正元）、毎年のように水害に苦しんでいる手賀沼沿岸の救済は本県経済上の急務でもあるとして手賀沼の耕地整理の施行を提案、地元町村長などの賛成を得てその基本調査を行った。翌年十一月大森町（現・印西市）で調査結果を報告、自然排水の難しさを指摘して、発達著しい排水機を使って沼の全面干拓と沿岸耕地の土地改良行うことが計画されたのである。

これに異を唱えたのが、杉村楚人冠であった。同年一二月一七～一九日の三回、『東京朝日新聞』千葉版に「手賀沼の為に」と題する投書が掲載された。紙面の投稿者の名は匿名で「土地の者（投）」とあるが、楚人冠の投書と分かるのは、自分の書いた記事のスクラップブック（杉村家資料）に、この投書が保存されているからである。あえて「土地の者」としたのは、この干拓計画に対する一地元住民の意見ではあるが、すべての地元住民が考えるべき問題であることを強調したかったのだろう。

投書は、まず「第一に手賀沼は開墾を行うより外に仕様のない所であるか」と問い、人口増加のために東京の住居区域が郊外に拡大されつつあり、それはやがて隣県に及んで来るだろうと指摘して、そうなったなら手賀沼沿岸ほどそれに適した住宅地はないと述べ、東京近郊の住宅地の立地条件として、①通勤可能な東京から二〇～三〇哩《マイル》（約三二～四八km）以内、②冬温かく夏涼しい、治安、眺望がよく遊覧のできる土地、③土地相場が比較的安い土地、の三条件をあげ、柏から布佐までがすべての条件に適っているとし、その上で、「今日これを開墾して新田を作るがよいか、それとも他日住居区域として発達させるよう今から用意する方がよいか、それは、沿岸住民の考究すべき大問題である」と問題提起した。

「第二に考えるべきは、湖水を埋立てて田にするのは何時でも出来る事だが、一旦出来た田畑を掘り直して又湖水を作るという事は永劫《えいごう》出来るものではない」と述べ、つまらぬ湖水なら惜しくもないが、すこぶる趣のある手賀沼の絶景は人々に感動を与える。釣りや漁、舟遊び、昔からよく知られた鴨猟もある。米国人の友人などは、自分の国だったら沿岸に自動車道をつくり、湖水には多くのヨットやモーターボートを浮かべ、休日には町からは大勢の人が遊びに来ると言っている。また東京滞在に飽きた西洋人などは、日光や箱根より近い手賀沼に小さなホテルがあちこちにあれば、日帰りか一泊で遊びに来ることができ、採算も合うに違いない。手賀沼を開墾して田畑にする前に湖水として活用する価値を認めてもらいたいと主張した。

さらに、「手賀沼自然の勝景」を打ち壊すような開墾をした場合とその勝景を活用して別荘や住宅地として発展する場合との経済効果を比較して、千間堤以東は田畑にする策はあるにしても、東京に近い西側の地域は住宅地として準備するのが「最も利益のある百年の長計ではなかろうか」と訴えた。ちなみに千間堤は、江戸中期に手賀沼東半の干拓を企図して沼を横断して築かれた堤防だったが、建設後間もなく洪水によって破壊され、干拓も失敗に終わった。

この干拓計画は、結果的には排水機その他事業費の地元負担が大きく、また米価が下落傾向にあったのに対し、第一次世界大戦が始まり鉄材その他材料費が高騰したため、地元からの事業延期や反対の声が強くなり計画はとん挫した。これまでにもこのような地元農民の直接的な理由からの反対論はあったが、干拓によらず手賀沼の豊かな自然や美しい景観を活用して地元の発展を図るという視点からの反対論は初めてのことであった。(1)

楚人冠の転居体験

なぜ楚人冠にこのような主張ができたのだろうか。それには楚人冠自身の転居体験も関係している。楚人冠は、京都の西本願寺の文学寮（龍谷大学）を退職して上京、一八九八年（明治三一）一一月から住居を都心の麹町区上六番町（千代田区三番町）に移し、翌年六月赤坂区榎坂町（港区赤坂一丁目）のアメリカ公使館（一九〇六年大使館に昇格）に勤めた。しかし、肺尖カタルを患い、結核への進行を恐れて一九〇二年（明治三五）四月当時は東京郊外、大森海岸にも近く空気のよい府下荏原郡入新井村（大田区山王）に転居、大森駅から汽車で公使館に通い、健康も回復した〇三年一二月、京橋区滝山町（銀座六丁目）の東京朝日新聞社に迎えられ、新橋駅まで汽車通勤をつづけた。入新井村は明治の中頃から東海道線を利用する別荘も兼ねた郊外住宅地として発展した。入新井村と同じように、上・中流層が都心を離れて近郊に住居を移すことも珍しくなくなりつつあった。入社三年目の〇六年八月末、日枝神社近くの借家から同村のお伊勢原の高台（山王二丁目）に、借地だが初めて持ち家を建てて移った。

初めこの地に家を建てた時はお伊勢原の畠の中で、あんな淋しい所をと母さまが先ず苦情を言われたくらいであった。東を向くと海が見えて真帆片帆が往き交う。西を見渡すと松の枝を掠《かす》めて富士の峯が見えた。それがいつの間にか立ち塞がる家のために隠されて、両方とも見えなくなった。そこへ村の大工というのが群集を押しのけて坐りこんだような具合に、狭い空き地に小さい借家を四、五軒も建てた。騒々しくはなる、用心は悪くなる。これではだめだと思っている所へ、いつになくおどおどしながら尋ねて来た地主を座敷に通して用は何かと聞くと、申し訳ないが地代上げてくれとの話だ（「白馬城放語」『楚人冠全集』第一巻所収）。

明治末になると人口が以前に増して増加し、地価も上がった。『大田区史』にも「大田区域では住宅地としての宅地化が、調布村《大田区田園調布などの地域》などにおいて、近郊住宅地としての宅地化が明治末から大正にかけてはじまっていた」と記されている。

　楚人冠がその体験を『新公論』という雑誌の一九一三年（大正二）六月号書いたのがこの「白馬城放語」であり、新たな土地を求めてたどり着いたのが手賀沼・我孫子であった。このとき一家の転居も勧めてみたが、妻や母の賛成は得られなかった。妻や母にとって我孫子は、まだ一家の生活地としての条件を満たしているとは思えなかったのだろう。[2]

2　「理想的郊外生活地」への志向

東京近郊別荘史

　ここで少し東京と東京周辺の別荘の歴史を見てみたい。一八八七年（明治二〇）ごろまでは馬車か人力車しか交通手段がなかったため、江戸時代とあまり変わらず、こうした交通手段で行ける範囲に別荘はつくられた（赤坂離宮、深川の岩崎家別邸、王子飛鳥山の渋沢家別邸など賓客接待などに用いられた）。八七年以降、鉄道網が広がると、避暑や避寒、それにステータスシンボルとして湘南や房総など海浜部や日光、箱根、軽井沢など高原部に別荘が設けられるようになった。それが一九一〇年代（明治末～大正初）頃になると、海浜や高原などの別荘とも異なるタイプの別荘が、武蔵野を中心とした東京近郊につくられるようになった。その背景には、①都市の発展にともない東京市内の人口や工場の密集による都市環境が問題となり、西洋の大気療法などの影響もあって健康志向が高まったこと、②私鉄や自動車の普及など東京近郊の交通網の発達によって、沿線に別荘適地となる宅地開発が行われたこと、③国木田独歩の「武蔵野」（一八九八年）に端を発する「武蔵野ブーム」が起こり、武蔵野の雑木林の風景に美を発見するなど新たな風景観が生まれたこと、などによるものであった。それは、遠隔地の海や山などに「気温の違いを求めるのではなく、都市近郊の風景のよいところに保養や接客のために別荘を求めることが流行して、東京近郊に別荘地を生み出した」(3)。

「東京が日々攻め寄せる」

徳富蘆花は、一九〇七年(明治四〇)に武蔵野台地にある北多摩郡千歳村粕谷(世田谷区粕谷)に住居を移し、農耕と文筆の生活を送った。それは蘆花にとって、非日常的生活を送るための別荘とも、単なる日常生活のための住居とも異なる、両方を併せ持った住居だった。それから六年目の一三年(大正二)三月、この土地での体験などを綴った『みゝずのたはこと』を刊行、その冒頭に、

東京が大分攻め寄せて来た。東京を西に隔たることわずか三里、東京に依って生活する村だ、二百萬の人の海にさす潮ひく汐の余波が村に響いて来るのは自然である。東京で瓦斯《ガス》を使うようになって、薪《まき》の需要が減った結果か、村の雑木林が大分拓《ひら》かれて麦畑になった。道側の並木の櫟《くぬぎ》楢《なら》など伐られ掘られて、短冊形の荒畑が続々出来る。武蔵野の特色である雑木山が無惨々々拓かれるのは、儂《わし》にとつては肉を削がれる思いだが、生活がさせるわざだ、致方《いたしかた》は無い。

などと記した。さらに京王電鉄が出来ることになって(開通は一九一六年)地価が高騰し、蘆花が買ったときの坪四十銭が一円以上、二円以上もするようになる。「地所買いが追々入り込む」ようになると、「東京が日々攻め寄せる」とその実感を表現した。それは、より日常的住居の大群が郊外地に押し寄せつつあるという実感の表現だったのだろう。

楚人冠が別荘を設けたころの手賀沼・我孫子は、そこまでの実感はなく、まだ別荘地の性格が色濃かったが、楚人冠の投書は、別荘地と住宅地両方の可能性を見て取り、近い将来に近郊住宅都市への道が開かれていくことを予想しての問題提起であった。

どの町が「理想的郊外生活地」か

楚人冠の投書より少し後の一九一六年（大正五）、「理想的郊外生活地」を選ぶ読者のはがき投票を企てたのは、蘆花の兄徳富蘇峰の経営する『国民新聞』であった。こうした企画は購読者の拡大を見込んだメディア・イベントではあるが、社会の新しい動向に着目した企画でもあった。その趣旨は、「国家の隆盛とともに東京市の繁栄も限りなく進み、二〇㎞四方もある大都会をもってしても健全に生活できる住居を郊外に求めざるを得なくなった。本社はこの際投票という方法で衛生と便利と快適とを備えた理想的郊外住宅地を読者のために選定することにした」（要約）と述べ、「投票資格地は徒歩、電車、汽車、人力車或は自動車等の交通機関により東京市有電車に一時間半以内で連絡しあるいは日本橋に二時間以内で達することができる土地に限る」とした。「理想的郊外生活地」の後、「理想的新別荘地」の投票も実施されたが、手賀沼・我孫子は「新別荘地」には選ばれなかった。

新聞は、連日投票数を中間発表して候補地間の競争を煽りたてた結果は、一等府中町（東京府北多摩）、二等市川町（千葉県東葛飾）、三等我孫子町（千葉県東葛飾）、四等調布町（東京府北多摩）、五等鳩ヶ谷町（埼玉県北足立）の五町が入選、選外優等として石神井村（北豊島）、立川村（北多摩）、小金井村（北多摩）、浦和町（北足立）、白子村（北足立）などが選ばれた、（）内は郡名。このとき

大正五年二月三日　木曜日　國民

今後の郊外生活地
公に決定された理想的の場所＝投票募集の結果
誰れにも住心地の佳い理想的の土地は？
一等府中、二等市川

大東京市の膨脹は今やあらゆる形容を超越した非常な速力をもつて進んで行きつゝある、今後の十年なり二十年なりにはその人口、戸數は何れ丈けの數量に上るであらうか、かゝる間に於て逆め適當な郊外生活地を見出し徐ろに後日の計を立てるのは決して無用な業ではあるまい、乃ち我社は風土のいゝ、交通の便利な、而も地價や家賃の適に低廉な場所の判斷を江湖の讀者に求め、其投票によつて今回左の如く決定した

何處に住む可きか

一等　一二六〇四　府中町（東京府北多摩）
二等　一二〇六一　市川町（千葉縣東葛飾）
三等　七五〇六　我孫子町（千葉縣東葛飾）
四等　六八三八　調布町（東京府北多摩）
五等　六四一九　鳩ケ谷町（埼玉縣北足立）

△選外優等
五四二四　石神井村（東京府北豊島）
三九三八　立川村（東京府北多摩）
二九九三　小金井村（東京府北多摩）
二七八三　浦和町（埼玉縣北足立）
一九三三　白子村（埼玉縣北足立）

図5-2「今後の郊外生活地」
『国民新聞』1916年２月3日）

選外の石神井、立川、小金井などが「村」だったのも今から見ると面白い（図５―２）。

入選の町順に各五回紹介記事が連載された。我孫子の記事の一部は第二章でも取り上げたが、各回の我孫子の特色を示す見出しと紹介のポイントを列記してみる。

第一回見出し「住宅地としての我孫子―手賀沼を南に抱いた高台、東京から一時間で行ける」。新住宅地として期待される地域は我孫子駅を中心に東から都部《いちぶ》・高野山・子の神・白山・根戸までの手賀沼南面の台地、その地理的特徴と東京への交通の便、地価

の安価さなど、さらにそこが別荘地であることなどが紹介され、最初の島田久兵衛は景勝地一反歩を僅かに六〇余円で購入したと記した。

第二回「手賀沼の風趣―新住宅地としての我孫子」。手賀沼北岸の地形と気候。夏清涼・冬温暖、そして眺望の良さ、湖面の逆さ富士、白山の古墳、白山八景、果樹栽培など。

第三回「沼畔の新住宅地―魚は旨《うま》し水は佳し、夥《おびただ》しいオゾーンが健康を助ける」。手賀沼の自然の豊かさと健康に好適な土地であることなど。

第四回「城址が新住宅地―我孫子は開け行く運命を握る」。我孫子駅北側の城山城址も新住宅地として適している。地元民で東京通勤者飯泉賢治の体験談「東京に通うに決して不便は感じません」など。

第五回「手賀沼の蜃気楼―遊楽の天地が沢山ある」。陽春の蕨取り、秋の茸狩り、神秘的な手賀沼蜃気楼、鯉や鮒釣り、鴨猟、舟遊びや遊覧船など水辺の遊楽について、手賀沼・我孫子の「理想的生活地」としての実態などが紹介された。蜃気楼について「手賀沼に蜃気楼が現れることは世間にあまり知られていないが、地元の人は折々に沼の彼方に現れるのをよく見る。絵のように不思議な影が時としてありありと眺められる」（要約）などと記している。筆者・小林は、この記事以外に手賀沼蜃気楼の記述を見たことがないが、みなさまはどうか？（連載は二月十四日から十八日までの五回）。

ところで、この連載後に「住宅兼別荘／近頃の新しい要求」という記事が掲載されている。

（以前は別荘地と生活地は区別されていたが）近頃の別荘購入希望者は、甚だしく生活地との交通状態を注意するようになり、電車、汽車あるいは自動車を用いるにしても十分に日帰りができ、しかも数時間は別荘滞在できる程度の距離でなければならないというようになった、そのため別荘地と転地療養地や遊覧地との違いをはっきりした区別するようになってきた、更に最近の傾向は著しく経済的意味を加えて別荘地の位置を極端に都市に近接させるともに生活地を都市から郊外に移し別荘を生活地即ち住宅と兼用するに至った、現在比較的遠隔の郊外地に土地の需要が起きたのはそのためである。(『国民新聞』大正五年二月一八日、一部意訳を含む)

と述べ今回の上位入選地などは「この住宅地兼別荘の要求に適する地方である」と結論づけた。

また、同年一〇月発行の両企画をまとめた単行本『郊外住宅と新別荘地』(著者中柄正一)の序文(筆者は入選地紹介記事の執筆者渡辺理喜松)には、「葉書の数と生活地或は別荘地の価値とは必ずしも比例するものではない」という批判があるが、「生活地や別荘地の最も主要な条件はその町村の人気にあり、自然条件はむしろ副条件である」として、「その人気というものを見定めるには自治団体がこの問題に向って、一致協力できる度合いを測れば分かることなので、その測定する方法としては公平な投票に依るが最もよいのである」(要約)とある。投票数というのは、どれくらい地元の人々がこのような町づくりに一致協力できるかの指標で、その熱意が最も重要で、単に自然条件だけで決まるものではないと言うのである。いずれにしても、このような新聞の企画が生まれたのは、近郊住宅都市誕生の動きを感じとったからであろう。ただし、こうした動きはまだ東京の中心部近くの南部・西部の郊外にとどまっていた。それでも本書は、この時期を含めて我孫子や柏の近郊住宅都市への模索の動きを見ていこうと思う。

3　手賀沼保勝会の結成へむけて

保勝会の歴史

杉村楚人冠や嘉納治五郎などが、手賀沼干拓反対を唱え、手賀沼保勝会を結成しようと立ち上がったのは、一九二六年（大正一五）であった。「保勝」とは豊かな自然や勝れた景観などの保存・保護を意味する。まず、こうした自然や景観、文化財などの保護運動の歴史をざっと見てみる。

最初期の保勝会は、一八八一年（明治一四）京都で設立された「保勝会」である。会の名称は、その目的「五畿及び江丹二国（近畿地方）の名勝古墳を永遠に保存する」（傍線＝小林）からきているという。その後保勝対象や地域名を冠して〇〇保勝会と名乗るようになり、一九二〇年代末までに、全国で一五〇余りに達した。その保勝対象も庭園、公園、史蹟、名勝、風致、天然記念物等へと広がりを見せた。一方、帝国議会では、学者など有識者らの提案をうけて一九一九年（大正八）「史蹟名勝天然紀念物保存法」が制定され、その保存対象になると、国家によって制度的に保存される。しかし、民間の保勝会による保勝と国家による保存とは必ずしも合致するものではなく、保勝会のなかには、その地方の繁栄だけの手段として、史蹟名勝等の地形を変えたり、建物などを移設または改築してそこを訪れる人の目を引き、多くの人々が来遊するように図っているものがあるとして、担当の内務省から「現状維持の保存」の指示が出されたりした。それは、「絶対的現状保存」か「保存と開発の両立」を認めるか、という根本的問題でもあった。また、その両立を認めつつ、開発の問題をさらに研究すべきとする考え方も浮上した（「庭園協会」の造園家など）。

さらに、第一次世界大戦を機に、日本の産業革命、工業化が大きく進展し、都市の拡大を加速させ、無秩序な開発によって自然や文化財の破壊なども生じた。これに対し、一九一九年に制定された都市計画法において制度化されたのは「風致地区」で、自然環境、歴史的環境の保全・育成などが含まれ、積極的運用がなされた。さらに風致地区のなかには地元関係者によって風致協会が組織された。(4)

米騒動から印旛手賀両沼の国営干拓計画へ

一方、米穀増産の必要から新たな土地の開墾・干拓問題が全国的な広がりを見せた。そのきっかけは、一九一八年（大正七）に起こった米騒動であった。第一次世界大戦末期、ロシア革命の拡大阻止を目的に欧米大国とともに日本のシベリア派兵が決定された。それには大量の米穀需要が見込まれるとして、消費者の米不足の不安と米穀商や地主による投機的な米穀売買が重なり、急激に米価が高騰した。これに反発した漁民や都市の民衆などによって「米よこせ！」の全国的な暴動に発展したのである。しかもその背景には、産業革命の進展による都市人口の急増とそれによる慢性的な米不足が起こり、農村では高額な小作料を米穀で納める小作人に対して、その小作料の米穀を高値で売却して金銭を手にする地主との経済格差が広がり、小作争議が頻発したことなどがあげられる。

米騒動直後に成立した原敬政友会内閣は、食糧自給とそのための耕地拡張政策を打ち出し、政府自ら全国の開墾干拓可能な土地の調査に乗り出し、一〇〇町歩以上の地区には府県の申し出により政府が土地利用計画書を作成し交付するとした。また五町歩以上の開墾事業には投入された資金の六％（利子補給分）を国の予算で助成するという開墾助成法を策定して開墾を奨励したのである。(5)

手賀沼干拓を目的にした「手賀沼土地利用計画書」も一九二〇年（大正九）に交付されたが、手賀沼のような大規模な干拓は、六％の利子補給だけで実現できるほど簡単なものではなかった。大正末期になると地元では、印旛沼と手賀沼を合せて行う案が浮上し、一方政府にも大規模開墾事業は国家予算を投入して国営事業として行おうという動きが生まれた。一九二七年（昭和二）、五〇〇町歩以上の大規模開墾には、府県の申請により政府が調査して「開墾計画書」を作成し、用排水事業など主要な工事は国の予算の範囲内で実施できるようにした。また二九年には開墾助成法の補助率を六％から四〇％まで引き上げるなどとした。その結果、全国の一七地区が国営事業の候補地となり、印旛手賀両沼合同の干拓計画も候補地の一つとなった。

同計画によれば、手賀沼の排水は大森町亀成（印西市）から新たに約七㎞の手賀沼疏水路を掘削し、阿蘇村平戸口（八千代市）で印旛沼からの排水と合流させ、そこから約一六・五㎞の印旛沼疏水路（花見川）を掘削して、幕張町・検見川町境（千葉市）の河口から東京湾に流出させる。その結果、両沼合せて三七四八haの干拓地と沿岸既耕地一九一九haの土地改良、さらに河口湾岸に疏水路の掘削土を利用して埋め立て、四三〇haの畑地を造成しようという計画であった。

手賀沼について少し詳しく述べると、沼の水面一一三六haのうち柏町寄り（西方）の三二二ha（水面の二八％）は貯水池として残して、手賀沼流域の大堀川、大津川と沼北岸からの排水を流入させ、貯水池の東端（我孫子町高野山～手賀村岩井）に締切堤を築き、堤の南端（岩井付近）に排水口を設け、そこから承水路を開削して貯水池に残る水以外の流域排水を亀成の手賀沼疏水路まで導き、また締切堤以東の沼水のすべて沼の中央部に設ける幹線排水路によって亀成の手賀沼疏水路へ導き、干拓するというものであった(6)。この計画で貯水池は三三二ha、現在の沼の面積約六五〇haよりは少ないが、子の神か高野山のあたりまでは水面が残る計画だったのではないだろうか。

手賀沼保勝会結成への動き

杉村楚人冠は、一九二二年（大正一一年）鷹大工に依頼して二代目別荘を建てた。それは初代七坪半の枯淡庵の跡地付近だったと思われる。ところがその翌年九月関東大震災が襲い、神田の病院に入院していた二男と三男の二人が震災死、勤務先の京橋区滝山町（中央区銀座六丁目）の鉄筋に建て替えたばかりの東京朝日新聞社も類焼して、自らが手掛けた日刊写真新聞『アサヒグラフ』は廃刊の危機に、さらに全力で集めてきた新聞の貴重な資料すべてが失われた。こ

図5-3　杉村邸の新築の母屋と家族

澤の家と藤棚

（我孫子市教育委員会提供）

うした厳しい苦境のなか、長年住み慣れた荏原郡入新井町の自宅を引き払い、我孫子の別荘地に一家で転住することを決意し、一九二四年五月、震災対策を施した母屋を新築して転居した。また二代目別荘は幸い大きな被害もなく、母とみの住まいとなり、「澤の家」と呼ばれた（図5―3）。

引越して間もなく、国による手賀沼干拓の計画が動き始めた。とくに楚人冠が危機感を強めたのは、『東京朝日』一九二六年（大正一五）七月二八日付の「二千町歩以上の耕作地拡張見込地／農林省で開こん国費施行を実施する全国の候補地」の記事の一行に「手賀沼　二、七八三（町歩）」とあり、これでは手賀沼全体が干拓されてしまうと思ったからではないだろうか。この記事は杉村家に保存されている手賀沼干拓関係の最も古い切り抜きで、この記事を見てすぐ嘉納治五郎へ相談の手紙を出したと思われる。しかし、嘉納の返事は、三か月余り後の一一月二日付であった。その手紙には、「久しく奥州へその後台湾へ参っていて、その不在中手賀沼の事につき種々御配慮かたじけなく存じます」と返事が遅くなった理由が述べられている（以下本節書簡は杉村家資料）。『嘉納治五郎』（嘉納先生伝記編纂会）の年譜には、八月・九月の東北地方、九月下旬から一か月近くの台湾行が記されていて、さらに手紙には、帰京後にもほかの用事でしばらく多忙だったことも記されている。

しかし、その後の嘉納の動きは速い。すぐに村川堅固に連絡して、「農林省が直ちに手を付ける様子はない」との情報を得、「しかしわれわれの方はなるべく早く手を打っておくのが得策」だと、「一一月六日夜七時に天神山の嘉納の別荘に集まりたい、村川にもその旨伝えた」と手回しがよかった。（前掲一一月二日付の書簡）このように手回しよく話ができたのは、少なくとも嘉納・杉村・村川の間では、それ以前から手賀沼干拓の問題が話し合われていたからに違いない。一一月六日夜の話し合いの結果、まずこうした問題に詳しい「庭園協会」に助言を得ることになり、村川が事務局長の竜居松之助に連絡を取り、村川から「従来協会が同様な場合に活動して農林省や水力発電会社等の名勝破壊を阻止した事例やその作戦方法等を聞くことができて大変参考になり、心強く感じた」、「理事長の本多静六博士の帰京を待って二八日には協会理事たちに実地に見てもらうことになったので在宅してほしい」との報告を楚人冠は受けた（一一月二〇日付書簡）。

直後の庭園協会の機関誌『庭園』一九二七年（昭和二）一月号の「協会記事」には、「十二月五日埋め立ての噂ある千葉県下手賀沼風景調査のため、龍居、井下両理事及び関主事の三名は我孫子町に出張、同地の有志村川堅固、杉村広太郎氏其他の案内で手賀沼及び其の沿岸の名勝旧蹟を視察し、即日帰京した」とある。なお、その二年後の二九年六月には同協会理事長本多静六も我孫子を訪れ、嘉納・杉村・村川等に案内されて手賀沼を視察したことが楚人冠の「日記」に記されている。

庭園協会は、庭園、公園、風致などの研究と普及を目的に、本多静六を中心に一九一八年（大正七）十二月設立され、戦中戦後の一時期を除き現在まで活動を続けている。本多静六（一八六六～一九五二）は、埼玉県菖蒲町（久喜市）出身、帝国大学農科大学（東京大学農学部）卒業と同時にドイツ留学、日本最初の林学博士となり、一九二七年まで東京帝国大学農科大学教授。生涯を通して林学の普及に尽力し、多くの鉄道防雪林や国立公園、日比谷公園はじめ多数の都市公園の設計・改良に当たり、「日本の公園の父」と称された。余談だが、近年の本多は別技？の蓄財法でも有名かもしれない。

また、楚人冠らは、地元有力者吉田甚左衛門や斎藤三郎らとも通じていた。干拓によらず手賀沼の豊かな自然を活用する計画の手始めに千葉県淡水養魚試験場の手賀沼誘致を考えた。それを提案したのは、**吉田甚左衛門**（銀之助　一八七四～一九四一）だったと思われる。吉田は田中村の大地主だが、早くから鰻やスッポンの養殖の資料をその先進地愛知や静岡から取り寄せて研究しており、手賀沼での養殖が有望だと考えていた。

一方**斎藤三郎**（一八八七～一九六一）は、布佐町（我孫子市）の「花妻」酒造の当主で、一九二四年一月から県会議員、二六年には北総鉄道（東武鉄道アーバンパークライン）社長に就任し、後に二期布佐町長を務めた。二六年一一月一一日の『東京日日新聞』（千葉版）に、「手賀沼の／干拓は反対／斎藤県議談」の見出しで「政府の企画（耕地拡張）には賛成だが、手賀沼の沿岸町村は無限の漁獲場で、方法によっては一反五円の漁獲収益（水田では五〇銭）があり、また将来国立公園として帝都の人々の遊覧場にも適当な場所である」とその見解を述べている。同年一二月千葉県会で、県の水産試験場の淡水養魚試験場を手賀沼に新設する案が可決されたが、これには斎藤県議や吉田の働きが大きく影響していたのである（その後の経過は後述）。

手賀沼保勝会の趣旨

こうした動きのなかで、手賀沼保勝会の構想は次第に固まっていき、一九二六年の年末（一二月二五日大正天皇逝去、昭和と改元）には、「手賀沼保勝会の趣旨」と同「手賀沼保勝会々則案」（杉村家資料）が整い、その後印刷に回された[7]（図5―1）。

「会則案」第二条に「千葉県手賀沼及び其の沿岸の風光を保存増進し、中外人士の鑑賞に備ふと共に地方繁栄を資《たす》け、又東京市民のために、保健衛生に適せる遊覧地を提供するに在り」とその目的を示し、第三条に、目的達成のための事業として「沿岸樹木枯損の防止、新規植附」、「沿岸道路の開修」、「其の他本会の目的に副ふ各般の事項」を挙げている。さらに、正会員と賛助会員について（第四～第七条）、会長以下の役員、会計報告、会の事務所（第八～第十八条）が定められている。

「手賀沼保勝会の趣旨」は、その冒頭に「手賀沼の風光を出来るだけ自然のままに保存し、その沿岸に出来るだけ交通、遊覧、住居の便に供すべき各種の施設を加えん為、同志の者力を合せて手賀沼保勝会なるものを設けたいと存じます。大勢の人の力を集めなければ何事も出来かねる今日、広く大方の御賛助御協力を賜わらんことを切に希望いたします」と述べ、保勝会の必要性についてつぎの三点を示した。

第一「風光の絶佳なる点」―東京から日帰りまたは一泊の遊覧地として必ず発展を見ることができること。

第二「東京から近い点」―東京から一時間ばかりで往来ができ、空気が清らかで水が澄み、冬暖かく夏涼しい、別荘地としても住宅地としてもこれほどの適地はない。

第三「手賀沼の水」―常磐線の柏駅から我孫子、湖北、布佐、木下までづく手賀沼は、将来水の公園になるのは明らかで、ヨット、小舟、釣りや網引き、シジミ取り、水浴など尽きることがなく、また美味なる淡水魚を産出、とくにうなぎは最上等種として全国の蒲焼屋に知れ渡り、千葉県が淡水魚試験場に決定したのもその証しである。

最後に、これらの理由から沼の埋め立てや干拓に反対であると訴え、沼の開墾も結構なことかも知れないが、沼を保存して「人の精神的の糧」をあたえることはもっと大切なことで、一たび開墾してしまったら元に戻すことは到底できない、目の前の物質利害のみ見ないで、今後百年千年の人の心に与える効果を十分配慮したうえで決めてほしい、と述べ、しかし「開墾もやむなしとするなら、できるかぎりその旧形を破壊しない程度に」開墾することを希望する。開墾やむなしと考える人でも、「沼の風致を保存するという大眼目で同意一致」できるなら、いくらでも妥協、融和の道はあるので保勝会に合流してほしい、と締めくくっている。

このように手賀沼保勝会は結成に向けて本格的に動き出した。楚人冠の「日記」にも、一九二七年（昭和二）一月三〇日「村川氏一寸来訪、保勝会の件打ち合す」、二月三日「郵船会社に行き（中略）大谷氏に保勝会発起人会の件につき相談す」、二月一三日「吉田甚左衛門氏十時に来訪、手賀沼のこと、養魚のことなど色々語り合う、之に午餐を饗し、午後飯泉区長を招き来り、三人沼の問題を議す」、二月一六日「ロータリー午餐に列し（中略）大谷氏保勝会の件など相談す」、五月五日「手賀沼問題に関し、吉田、村川、大谷の三氏に□檄す」などとあり、結成に向けて、杉村、村川、大谷、吉田が中心となって積極的に動き、地元においてだけではなく東京のロータリークラブの午餐会などでも意思疎通を図っていたことが分かる。

養魚試験場—我孫子町から湖北村へ

ところが、地元にはこうした動きに反発する人々も少なくなかった。一九二六年一〇月の我孫子町会には、町長須藤鉄蔵名で出された干拓中止を訴える「手賀沼干拓に関する陳情書」と発企人青木米太郎外四九名連署の「手賀沼干拓促進陳情書」の相反する二つの陳情書が出された。その結果について町会会議録には「議長（町長が兼任）は本案を提出せしも、本日青木米太郎外四十九名より本案と趣旨を異にする手賀沼干拓促進陳情書の提出あり、これを精読するに相当の理由を存し、よって深甚の調査を要すと認むるをもって本案を撤回する旨を宣言する」とあり、議長判断で両案とも採決に至らなかった。議長提出案の趣旨は保勝会の趣旨に近い。これに対し促進案は、国や県の両沼干拓案は国富充実、農業振興の政策であるとし、だれの甘言か誘惑か沿岸地主有志に干拓反対の旗を立てさせ、唯一の武器として養魚場新設を唱え、いまの不況期に三千円もの寄付金を募集して白山下に設置運動をしている。また手賀沼の風光を利用して東京人士の別荘や遊園地にして地価高騰を企んでいるなどと強く批判し、自分たち農業者の利益を顧みず敵視することは断じて許すことができないとして、「手賀沼干拓賛成促進同盟会」の組織化と疲弊した農民救済策としての干拓促進への理解を求めた(8)。

同年一二月の県会では養魚場の我孫子町設置を正式に決めたが、その条件として一千坪の敷地と寄付金三千円の地元負担を求めていた。それをうけて地元負担の賛否を問う町会が翌二七年五月に開かれた。この時の会議録は教育委員会所蔵文書に残されていない。同年五月二二日の『東京日日』千葉版によれば、町長は、「寄付金を特殊寄付として、いったん町の予算に受け入れた上で、さらに県に寄付するという方法」で町会に提案したところ町会議員全員の反対で否決されたとある。記事の「寄付金は特殊寄付として」云々とは、楚人冠たちが別荘所有者や地元の有力者らに諮って多くの寄付金を集めており、町長はそれらを含めて町の予算に組み入れ、県への寄付金にあてようとしたことを指していると思われる。同新聞は、町会の否決の理由について、「政府は食料政策上、手賀沼を干拓して大耕地を作ろうとしているのに、一部地主が干拓防止策として養魚試験場を設置するとか、手賀沼を遊覧地とすべきなどと主張しているが、これは単に地価つり上げ策であることは明らかで、国家の食糧問題を考慮しないような計画には賛成できない」などと記している。

前述のように、二七年になると、大規模開墾・干拓事業の国費負担が明らかになり、干拓促進の動きを勢いづけ、この町会の否決によって我孫子町の養魚試験場設置は暗礁に乗り上げた。結局同年一〇月一五日付で千葉県内務部長から我孫子区長飯泉豊吉宛に、「すでに年度の過半を経過し事業執行上の都合があるので、設置場所を湖北村地先湖畔に決定し、近く工事着手するので御承知ください」との通知が来た（杉村家資料）。

湖北村設置の経過について、同年一二月八日付『東京日日』（千葉版）は、湖北村の当時の状況も含めて「湖北村の／計画／道路や養魚場を作る」の見出しで詳しく報じている。

東葛湖北村はわずか戸数五百五十戸の小農村だが、東は布佐町、西は我孫子町があり、南は手賀沼、北は利根川があり交通の不便から文化的に恵まれず、大部分の農業とわずかの漁業とによって生活してきた。

この小農村を東西の布佐、我孫子両町以上の市街地にしようと同村豪農星野三之氏と村長花島富次郎氏、村会議員平井吉太郎、林多助、林一郎、染谷弥一郎、海老原市太郎、小池喜助、田口璋［?］諸氏が計画し、しばしば会合した。

先東京電灯会社と交渉の結果多大な寄付をして去月三十日全村に点灯し、また我孫子町が敷地と建設費の寄付を拒んだ県水産試験所の養魚試験場を同村の手賀沼沿岸に建設すべく運動の結果、去る一日から工事を行って居る。この養魚試験場は予算三千八百八十九円、約二百坪の養魚場六ケ所を設置するので敷地建設費も大部分は地元星野氏その他有志の寄付である。
なお停車場を中心に村内に丁字路の県道を新設することになり、十五日から起工するこの県道は利根川岸から手賀沼の養魚場に通ずる都市計画的の道路で、十二間三尺幅の割恍砂石のコンクリートを使用した最新式のものだが、敷地は全部星野氏の寄付だと。駅付近には千戸の住宅地を建設して一大都会地とする計画で青年団と在郷軍人会が労力を惜まずやっている。

この湖北村の養魚場敷地寄付について、杉村楚人冠は、『アサヒグラフ』連載の「湖畔吟」（二八年四月）に、「うれしき人々」と題して、

　去年県の養魚試験場を設けるについて、その用地にとて水田一町歩を気前よく寄付した特志〔ママ〕家が隣村にあつた。いよいよ寄付手続が済んで登記にかかろうとする段になって、この水田が件の特志家の所有でないことが分った。何でも右の特志家の先代が沼べりを埋め立てて、十余町歩の新田を開いたきり、手続も何もしておかなかつたので、本人は自分の所有のつもりで居り、村では村の共有地のつもりでいたらしい。自分の所有でないと知れてから、急にあわてて一旦自分の所有に引き直した上で、寄付の手続をすませた。これで養魚試験場は目出たく出来上がつたものの、一時はどうなることかと、われわれまでが心配した。せちがらい世の中とはいいながら、こういう暢気な有り難い人々も、まだこの辺にはざらにある。この村に住むうれしさの一つである。

とユーモア交じりに綴った。二八年一二月提出の手賀沼水利組合の「手賀沼干拓の儀に付陳情」書には、それまでとは異なり、干拓されない三百町余歩を利用した共同養魚場計画が加えられている。
県の養魚試験場は、戦後、手賀沼漁業協同組合の手に移り、手賀沼干拓後には、湖北から干拓地西

隣の沼南町（柏市）曙橋のフィッシングセンターの場所に移された。

手賀沼保勝会の結成はなかったが・・

我孫子町会での養魚試験場の寄付案否決以降、保勝会の結成はどうなったのか。楚人冠の「日記」のつづきを見てみよう。一九二七年（昭和二）五月二九日「大谷氏に行きて村川氏と会合の件を打ち合す」、五月三〇日「手賀沼干拓に関する陳情書を草し十時に至る」、六月一日「ロータリ午餐に列す（中略）村川、大谷と手賀沼問題を議す」、六月三日「書面数通したたむ―手賀沼問題の打合せなど、十時までかかる」、七月一一日「七時半過吉田甚左衛門氏来訪、淡水魚場のこと、非干拓陳情書のこと、その他を相談し、染谷町長に来て貰い寄付金収納の件につき、いろいろ町内の事情を聞く、十一時打連れ鈴木屋に至り、来合せたる近江屋《山田酒造店》、丸通《小熊運送店》を合せて五人午餐を共にしつつまた沼の問題を詳議し二時に至る」、七月一五日「吉田甚左衛門朝早く来り、次いで午後一時頃来る、養魚場設置の下見分に水産課の人を案内したる也」、八月一六日「吉田甚左衛門氏来訪、内務部長、知事が手賀沼視察などの事情をきく」、九月一一日「本郷屋に行き、斎藤氏、町長、近江屋と養魚場問題相談」、十月一二日「十時三十分発出京、車中吉田、斎藤、大久保氏の諸氏と会し、手賀沼養魚場の件、いよいよ星野寄付のこととなれるを聞く」、日記にはないが一〇月一五日付前述の淡水養魚試験場の湖北村決定の通知、一〇月二九日「村川氏と寄付金《別荘所有者等からの寄付金》の件につき途中にて語る」などが記載されている。

「日記」には、内容のはっきりしないものもあるが、養魚場の善後策が最も大きな問題で、町会否決以前とは異なり保勝会の組織化については書かれていない。さらにその後の「日記」やほかの資料にも、手賀沼保勝会の会則案にあるような形での組織結成の記録はない。それらを総合してみると、地元との決定的な対立を避けて正式な結成を見送った、と考えるのが妥当ではないだろうか。

干拓反対の陳情書提出

しかしこの時期、手賀沼印旛沼の国営干拓事業はさらに具体的になりつつあり、有志によって農林大臣宛の陳情書の提出が計画された。前述五月三〇日の「日記」にあるように、陳情書の原案起草が始まっていた。杉村家の資料にはこの時期に書かれた陳情書三通が残されている。一つは手書き陳情書、この印刷草案には手書きで修正が加えられ、提出日一九二八年（昭和三）十二月二十九日が書き込まれている。三通目が清書して同年一二月二九日付農林大臣宛に提出された陳情書（写）である。

陳情書の内容は、「手賀沼保勝会の趣旨」にもとづいて書かれており、「手賀沼は東京付近の稀にみる風光明媚な地で、日帰りや一泊の遊覧地としても東京市民の別荘地または住宅地としても極めて適当な地域である。また、水上公園としても優れ、さらに淡水魚の豊富で美味なこと、特に鰻は「沼の鰻」として広く珍重されており千葉県が淡水魚試験場を設けたのもそのあらわれである」（要約）などと述べ、干拓によって帝都付近の一大名勝を失うのは残念であると訴えている。

「陳情書」は、農林省大臣官房秘書課伊坂誠之進を通して提出され、これに対する伊坂から杉村宛の翌二九年一月四日付の返事に、「お申しつけのように、農務局長に陳情書と希望を達するよう伝えた。そのとき居合わせた水産局長がぜひこのような特殊の風光地を残して置きたいと力説してくれ大変好都合だったこと、農務局長は内務省宛にも出してほしいと言っていたこと、役人というものは机上の空論に走るので、鰻よりも風光に絞って訴えた方がよい」（要約）などの助言が記されている。助言の影響は不明だが。杉村の「日記」同年一月二三日に「陳情書の提出始末を同志へ回文」とある。

陳情書に署名したのは一三名で、杉村、吉田、斎藤の三名以外は別荘地所有者の嘉納、村川、大谷のほか、宮尾舜治、沼田才治、上田萬年、小林力弥、渡辺龍聖、三谷一二、境野哲である。あえて地元有志の名は外したと思われる。署名者の経歴等は、第二、第四章を参照していただきたい。

4　新たな町づくりへの試み

湖畔吟社と「村の会」

前述のように手賀沼保勝会は、町の人々の十分な理解を得られずに終わったが、そこで描いた町づくりの構想まで諦めたわけではなかったようにみえる。嘉納や杉村らがそれをはっきり意識してのことかは分からないが、彼らは地元の人々との交流に力を注いだ。楚人冠は、一九三一年三月湖畔吟社の第一回俳句会を自宅で催し、そこに参加してくる青年らと俳句を通して親しく心を通じ合い、結果的に俳句だけではなく地元青年同士の交流や新しい自主的活動を育んでいった。会員の職業もさまざまで、初期のころは我孫子駅の駅員、青年団長、自転車屋、歯科医、看板屋、葉茶屋、農家、中学生など、その後小学校教員、役場職員、小間物屋、農蚕具屋、ボート屋、寺の住職、陶芸家とその弟子なども加わった。このころ、高浜虚子をはじめ多くの俳人、歌人が手賀沼を訪れた。湖畔吟社は、楚人冠の死後も引き継がれ、中断もあったが現在まで続いており、戦後には会員から商工会長や助役など町の指導者も輩出された(9)。
また嘉納と楚人冠とは、養魚場設置問題などについて、町の有力な人々と何度も話し合いをもっていたが、一九三〇年七月、通称「村の会」を開いて、町長はじめ区長、郵便局長、駐在所長、小学校長、駅長ら「長」のつく地元指導者たちと町のさまざまな問題を自由に話し合う座談の場を設けた。話題は、火葬場のこと、道路問題、下水のこと、割れガラスの始末、教育のこと、花火のこと、沼の干拓問題、水のこと等々さまざまで、そこで何かを決定するという拘束性もなく、開催も不定期なものだったが、「村の会」は一〇年以上もつづいた。これらは我孫子の新しい町づくりの試みであり、また町政について町民と町政担当者らが自由に意見を交換し合うという先駆的な取り組みでもあったのではないだろうか(10)。

図5-4　斎藤三郎
（『千葉県議会史議員名鑑』）

手賀沼遊覧電鉄計画

つぎに、保勝会結成へ動いていた人々の描いた構想や計画についていくつか述べておきたい。一つは、日暮里―手賀沼南岸風早村五條谷（柏市）間の手賀沼遊覧急行電鉄計画である。中心になったのは、県会議員斎藤三郎であった。斎藤は五條谷の小林家から布佐の花妻酒造斎藤家の養子となった。実父小林大助もかつて県会議員を務めた。手賀沼電鉄の経由地は、（始点）日暮里―町屋―

綾瀬―柴又―松戸―六実―風早―（終点）手賀沼、全長一九哩（約三〇・四㎞）である。申請書は、一九二七年九月十六日に提出され、発起人は、斎藤三郎。杉村広太郎（楚人冠）のほか、本埜村（印西市）吉植荘一郎、高木村（松戸市）土屋七郎平、鎌ヶ谷村（鎌ヶ谷市）三橋弥、風早村大久保一郎、同島村精一など沿線・近隣の有力者が名を連ねた。その目的は、「運輸交通の便を開き、地方産業の開発を図ると共に、この幽趣深き水郷の手賀沼およびその付近に適切な一大保健的遊覧設備をつくり、兼ねて沿線の見渡す限り青々と空気も水も澄みきった葛飾の野に運動場、住宅地、学校、墓地等の文化的施設をつくって東京市民の保健衛生に貢献しようとするものである」などとあり、まさに手賀沼保勝会の「趣旨」が生かされた計画であった。(11) しかし翌々二九年申請は却下され、実現には至らなかった。

図5-4　吉田甚左衛門
（柏市教育員会蔵　吉田家提供）

柏の「関東の宝塚」構想

隣町柏において吉田甚左衛門は、柏競馬場とそこに併設された柏ゴルフ場の建設を進めた。柏競馬場は、新地方競馬規則の基準に満たない椿森競馬場に（千葉市）に代わって誘致され、吉田の所有地柏町豊四季の約一〇万坪の敷地に、一周一六〇〇ｍのコースと階段形式の観覧場（スタンド）を備え、当時公営競馬場関東一と称された。競馬の主催団体は千葉県畜産組合であるが、建設は吉田に任され、総工費三〇万円もすべて吉田が出資、主催団体と吉田の間で、賃貸契約が結ばれた。一九二八年（昭和三）四月竣工、五月に第一回競馬会が開催された。当時の規則では、春秋の年二回各三日間しか開催できなかった。それにもかかわらず、春季三日間で観客動員七万人、売上金は一四万円に達した。柏町の人口七千人弱、町の予算五、六万円という時代であった（『柏市史近代編』）。しかし、開催は年に春・秋計六日（後に計八日）に限られ、あとは遊休施設になってしまう。そこで杉村楚人冠が提案したのが競馬場併設のゴルフ場の案であった。楚人冠は我孫子に一家転居後、ゴルフに熱中し、松戸六実の武蔵野ゴルフ倶楽部の会員になったばかりであった。このころゴルフは一部の特権階級だけでなく裾野を広げようとしていた。楚人冠は横浜の根岸競馬場に併設されたゴルフ場を念頭に吉田に提案したと思われる。

吉田は、時代の新しい動きにも敏感で、楚人冠と共通する考えも持ち合わせていた。淡水養魚試験場の誘致、ほかにも関東大震災直前に北総鉄道船橋線が開通、それによって柏が北総線と常磐線のターミナル駅として発展することを予測。柏駅を中心に放射線状に五大道路をつくるなど新しい都市計画も構想していた（『東京日日』房総版一九二三年七月一九日付）。

さらに町制を施行した柏町を、柏競馬場を中心にゴルフ場、乗馬練習場のほか、大弓場、テニスコート、娯楽館などの大遊園地として人々をひきつけ、「関東の宝塚」にするという構想をも打ち出した（『東京日日』千葉版一九二八年九月二二日付）。柏競馬場には食堂が設けられ、開催日限定でメニューはカレーライス、オムライス、ビーフシチューなど、売店では飲料品などを販売した。三三年七月には総武鉄道（北総鉄道改称）柏競馬場前駅も新設された。また吉田の地元田中村（柏市）の香取神社境内に花野井公園を新設する計画も作成[12]。この計画は、従来の神社林をさらに整備して、参道など道路や排水路を整え、境内の花野井公園にはテニスコート、観覧場付き相撲場、芝生公園などをつくり桜やモミジを植え、アジサイなど季節の花々を配置するなど、地元民だけではなく外部からも人々を招き寄せようと意図したことが窺える。因みにテニスの吉田家の存在は現在に引き継がれている。

我孫子ゴルフ場の建設

我孫子でも一九二七年（昭和二）、町長に就任した染谷正治は、全国的な経済恐慌のなか、町の活性化の道を模索していた。染谷町長に我孫子ゴルフ場の建設を助言したのも楚人冠で、二九年六月正金銀行ニューヨーク支店長を長く務めゴルフ事情に詳しい今西兼二を紹介した。ゴルフ場予定地は、手賀沼に面した台地、染谷の地元我孫子町大字下戸《さげと》・大字岡発戸《おかほっと》・大字都部の約七〇町歩（約二一万坪）であった。計画は様々な困難に直面して簡単には進まなかったが、嘉納治五郎や大谷登など別荘所有者の協力も加わり、またこの道の先輩森村市左衛門や田中実らの助言もあって、前浅野造船技術部長加藤良がゴルフ場の設立を引き受けた。また染谷町長は、海老原豊二、渡辺昇など地元有力者の協力も得て昼夜を惜しまずゴルフ場予定地の地主の説得を続け、翌年一月染谷を含めた五〇余名の地主と加藤との間で契約が交わされた。我孫子ゴ

図5-6　染谷正治
（『千葉県議会議員名鑑』）

ルフ場は、我孫子カンツリー倶楽部という株式会社が建設し、ゴルフコースを我孫子ゴルフ倶楽部に貸与するという形式をとった（戦後の一九五四年社団法人我孫子ゴルフ倶楽部に一本化）。

我孫子カンツリー倶楽部の設立によって加藤が正式に理事長に就任して、三〇年二月工事着工、同年一〇月第一期工事九ホールが完成し開場された。ところが大黒柱の加藤が翌三一年一月に急逝したため先行きが危ぶまれたが、田中実が第二代理事長に就任し、第二期工事九ホール、全一八ホールが完成、同年一〇月一八日朝香宮・同妃殿下、久邇宮が臨席して開場式が行われ、始球式、競技会とつづいた。コース設計は名ゴルファー・名設計者として知られた赤星四郎・六郎兄弟であった。兄弟はともにアメリカの近代ゴルフを体得して帰国、日本のゴルフ界に新風を吹き込み大きな影響を与えた。またコース設計にも才能を発揮し、近隣では武蔵野ゴルフ倶楽部藤ヶ谷コース、柏ゴルフ場のコース設計にも赤星六郎が関わった。

なお次節で述べるが、染谷など地元の要求でゴルフ場地域内に住宅地（別荘、住居）の造成・分譲と新駅の設置が計画されていた(13)。

県立手賀沼公園の指定と我孫子風致会の結成

一九三三年（昭和八）一二月の通常県会で、全国に先駆けて千葉県立公園条例と公園委員条例が可決成立した。県立公園条例は全九条からなり、「第一条　本条例に於て公園計画区域と称するは著名の史跡、景勝地を保護開発し連絡統制ある公園施設を計画すべき区域を謂ひ、公園地域と称するは公園計画区域中保健、休養、教化のため公衆の用に供する地域を謂ふ」（平仮名に改める）とある。これをうけて、県立公園の指定が行われ、三五年七月に手賀沼、水郷、銚子、八月に九十九里、清澄山、鹿野山の合計六カ所が県立公園に指定された。県立手賀沼公園の計画区域は、手賀沼沿岸の四町六村、東葛飾郡柏町、富勢村、我孫子町、湖北村、布佐町、手賀村、風早村と印旛郡木下町、大森村、永治村であった(14)。

千葉県県立公園の新設と手賀沼指定に大きな役割を果たしたのは、三二年町長兼任で県会議員となり、その公園委員として活躍した染谷正治であった。はじめ候補地として新聞などからも注目されていなかった手賀沼を、「東京に最も近い自然の豊かな沼で、水の公園として多数の東京市民が利用でき、健康増進にも寄与できる」と訴えて指定を勝ち取ったのである。ここにも手賀沼保勝会の考えが反映されている。

またこの指定を契機に、我孫子風致会が地元青年たちの手で組織された。日中戦争がはじまり活動は一時中断されたが、一九三九年（昭和一四）に「子の神から小池ボート屋に至る沼畔」に花菖蒲とあやめを六千株植えつけ、さらに増やして「手賀沼畔の花菖蒲とあやめ」の名所をめざして町の風致と美観を増し、さらに我孫子の名を「天下に知らしめよう」との意気込みで町民に協力を要請した。これには地元の小学校高等科の児童らも協力した。また前年の手賀沼大水害で流失した風致会の桟橋再建も一地元民の寄付で復旧したことが、風致会事業報告書（三九年五月一五日）に記されている。また報告書には、かつて手賀沼保勝会が集めた養魚場新設の寄付金の残金の寄付と新たな地元協力者の寄付金の名簿が掲載されている。これを見ると別荘住民中心だった保勝会から地元青年中心の風致会に見事に引き継がれたことが分かる（杉村家資料）。

この年、三九年三月一日の『千葉読売』に「水明の県立公園／手賀沼遊歩道完成」の見出しの記事が出ている。「県水害復旧工事として総工費一万余円で昨夏来着工中であった我孫子町地先県立公園手賀沼循環逍遥道路（延長一里余幅員二間）はこの程嘉納農園下から我孫子ゴルフ場下に至る一部完成を見たが残余の延長工事は新年度から継続事業として着工することになった。一方我孫子町では右道路両側に桜樹その他を植付け名実ともに公園化を図り都人士の勧誘に努めることになった」とある。二年後の『東京日日』四一年三月一一日によれば、この遊歩道は我孫子から湖北村中新田まで四一年度の実施が決定したとあるが、それ以上詳しくは分からない。また遊歩道は手賀沼に限らず水郷や銚子の県立公園内でも計画されていたようである。

楚人冠は、公園緑地協会の機関誌『公園緑地』一九三八年七月号に、「人類の歩く道」という題をつけて、「われわれは何処を歩いても馬や車に追っ立てられる。ゆっくりと散歩の出来るプロムナードといったようなものは何処にもない。大都会に車馬道と歩道との別を立てた道路がないでもないが、歩道は車馬道の両側に、ほんの申訳のような細い狭い道を作ってあるだけで、たまたまこれを向こう側に渡ろうとすれば、忽ち車や馬に脅かされる。私はこんな処を歩く毎に、都会の道路とは車馬の為に出来たものであって、人間の歩く為に出来たものでないのかと哀しくなる」などと書き、最後に『人の歩く道を何よりも先に』というスローガンで行きたい」と締めくくっている。車道に限らず歩道にも交通事故の多発する八〇年後のわれわれに向けた楚人冠のメッセージのようにも読める。

東京オリンピック漕艇競技場誘致計画

一九三六年（昭和一一）にベルリンで開催されたＩＯＣ総会でつぎのオリンピック開催地は、長年ＩＯＣ委員を務めていた嘉納治五郎らの運動が実を結び、東京に決定された。それをうけて染谷正治我孫子町長は、沿岸町村で組織する手賀沼公園協会長として漕艇競技場の候補地に手賀沼も立候補した。嘉納は漕艇競技場手賀沼誘致に対しても、立場上表面に立つことはなかったが、染谷への助言、我孫子の小学校でのオリンピックについての講演会など出来得る協力を惜しまなかった。手賀沼は、競技場建設費の安さと東京の水の公園としての実績を宣伝して、最初から有利だった埼玉県戸田に次ぐ第二候補地として善戦したが及ばなかった。(15)

こうした開催準備が進められているなか、三七年七月日中戦争が勃発、東京開催を危ぶむ声が起こり、その是非をめぐって三九年カイロでＩＯＣ総会が開かれた。嘉納は総会でオリンピックと政治的争いとは別問題と熱弁して説得、東京開催は再確認されたが、その帰国の船上での嘉納急逝が報じられた。それによって開催推進の支柱が失われ、それから二カ月後、日中戦争の激化も重なり、同年七月近衛内閣は東京開催返上を閣議決定した。さらに三九年九月第二次世界大戦勃発によって四〇年オリンピック大会は中止となり、戦後四八年のロンドンまでオリンピックが開かれることはなかった。

5　近郊住宅都市へのあゆみ始まる

竹澤文化村

我孫子で初めて集団住宅地をめざして造成されたのは、東京市神田区一ツ橋通町に住所をもつ竹澤福太郎による竹澤住宅、通称竹澤文化村であった。一九二〇年（大正九）五月、我孫子の小字柏木（白山一丁目）の山林約七反（二一〇〇坪）を購入して（「旧土地台帳」）建て始めた。しかし、詳しい資料はないので不明なことも多いが、残された資料からその輪郭だけはうかがうことができる。この場合の「文化村」とは、大正中期に流行した一般向けの文化住宅—洋風生活を取り入れた和洋折衷の住宅—の集団住宅地だったので、そう呼ばれたと思われる。

図0—6の「我孫子区地図」に「竹澤住宅」が記されており、駅方面から興陽寺東側の通りの手賀沼に下りる坂道手前を左に曲がって少し進んだ駅から五、六分位の高台にあったことが分かる。また、三〇年一二月の「運輸月報」（東京鉄道局発行、杉村家資料）に我孫子駅職員木村生が書いた「我孫子と手賀沼」の一節に、「竹澤の文化村は東京の竹澤氏が白山の松林地帯を切り展いて赤瓦の近代的家屋を建て連ね湖畔の眺望を配して理想的文化住宅の一廓を建設する目的なのだそうだが、現在は未だ棟数六つに過ぎない」とある。筆者の木村生は湖畔吟社の初期からの会員である。竹澤住宅は一九二〇年には土地が購入され、三〇年には赤屋根の文化住宅六軒が建てられていたことが分かる、その後うまく進まなかったとみえ、その土地は三一年一二月手賀村手賀の岩立安之助に渡り、さらに三八年一二月には我孫子町の染谷正治（町長）に渡っている。

「愛湖会」の宅地分譲計画

また、愛湖会という団体の出した「県立公園手賀沼湖畔住宅別荘地御案内」という資料も残されている（杉村家資料）。それは、「手賀沼に南面する富士や筑波を眺望する高台」と「駅の北側で利根を行き来する船の見える松林の高台」の二つの住宅別荘地販売のパンフレットである。そこには、我孫子駅から三、四分ないし五、六分、一坪二円、一区画三〇〇円と記されている。パンフレットの日付はないが、「今回千葉県立公園に指定された」とあることなどから一九三五年ごろのものと思われる。愛湖会の実態は不明だが、時期的に染谷町長の町づくり計画と関係があるのかもしれない。仮事務所が東京市京橋区新富町に置かれた。二つの土地の所在地は特定できないが、沼の南面の台地は竹沢住宅付近、駅北側の台地はかつて杉村が白馬城と名づけた我孫子城跡付近なども考えられる。

嘉納の死と白山住宅地

一九三八年（昭和一三）の嘉納治五郎の急逝は、嘉納家にはもちろん、我孫子町にとっても大きなショックを与えた。亡くなって半年後の『千葉読売』三八年一一月三〇日に、「地元民の涙／加《嘉》納農園競売」の見出しの記事が出された。「農園一万二千余坪と別荘地一千余坪が本日我孫子町役場において債権者の東京織田信託会社の手で競売に付されることになった」と記し、その理由は「四〇年以前嘉納翁が日中親善を図るために東亜同文書院を創設して以来献身的な努力と全私財をその方面に投じていた」ためだったと報じ、染谷町長談として「我孫子の全財産が嘉納翁生前から債権者織田の会社の抵当権が設定されていて一か月前に同会社から差し押さえ命令が出されていた」、「しかし、それらはすべて国家的事業に投じたものであり、町民は勿論私は遺族の方に対し先生の遺徳を偲び、また町のために別荘だけは残してほしいとお願いした」と記している。

記事にある「東亜同文書院」は、「弘文（のちに宏文と改める）学院」の誤りで、記事すべてが事実

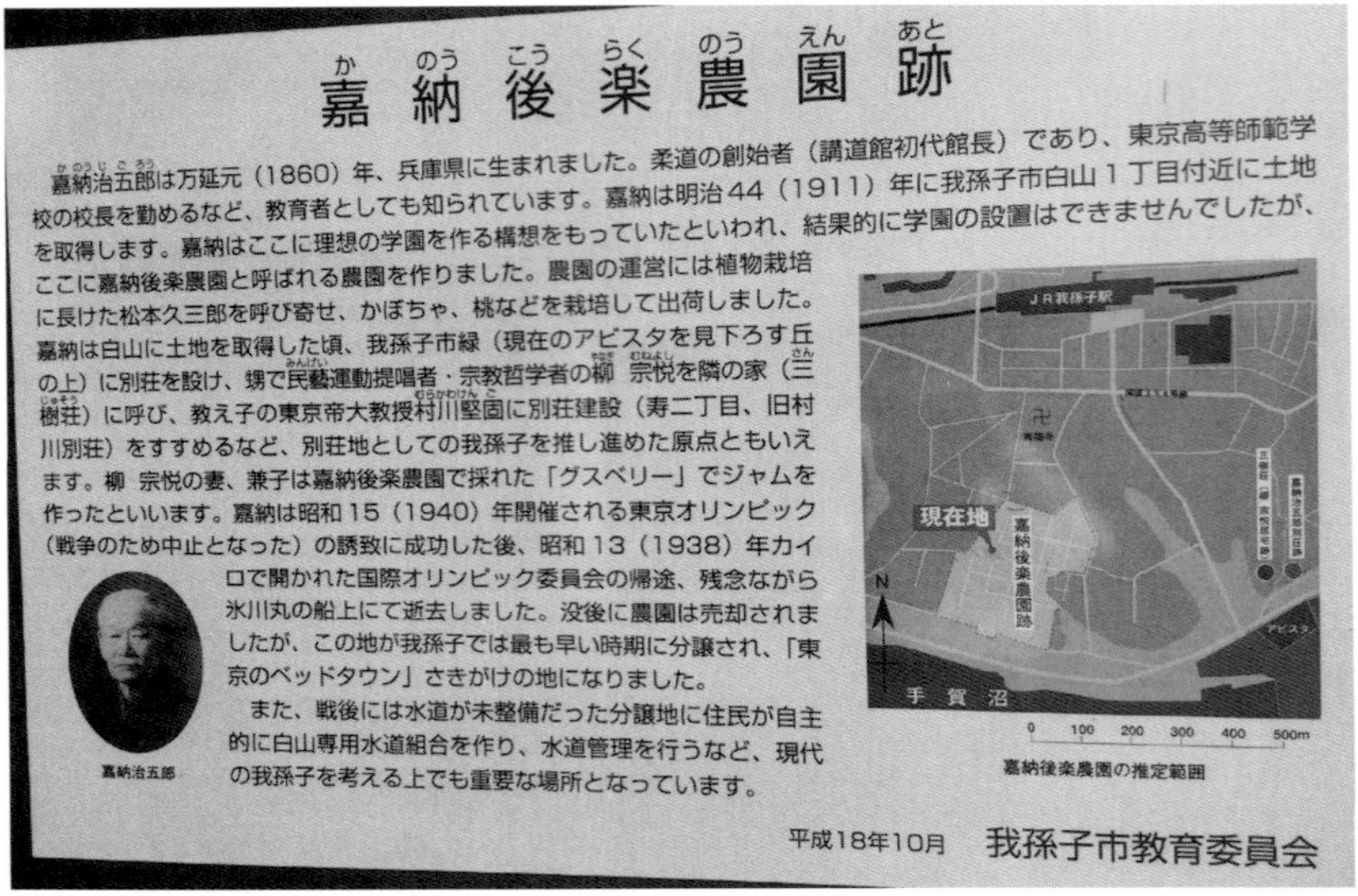

図5-7　嘉納農園説明板（我孫子市教育委員会作成）

かは分からないないが、講道館発行の伝記『嘉納治五郎』にも「嘉納は人を教えて金を取るのは、日本古来の風習ではないという。その考えから講道館の経営でも宏文学館の運営でも最初はすべて嘉納の自弁で行っていた。それらのためであろう。裕福な生活をしていた嘉納も、時には借金の問題で苦しんだようである」と述べられている。

嘉納の所有した白山の広大な農園跡地（白山一丁目）は宅地として売り出されることになったが、「旧土地台帳」を見ると、債権者織田信託会社や不動産会社の仲介の記載はなく、嘉納農園のすべての土地は嘉納の娘（四女希子）婿畠中恒次郎名に集約され、一九四〇年（昭和一五）から戦後にかけて畠中名義から各購入者への所有権移転として処理されている。いずれにせよ、嘉納農園が宅地として分譲されたのは事実で、それが我孫子の本格的な近郊住宅都市への先駆けとなったのである。

　また天神山の別荘地も畠中名義とされたが、戦後の一九四八年嘉納治五郎二男履正の所有となって六九年（昭和四四）まで、嘉納家の家と土地の所有権が維持され、そこに治五郎夫人、子、孫、曽孫が入れ替わりながら住み続けていたという（我孫子の文化を守る会編『我孫子の文化四十年の歩み』の嘉納治五郎曽孫坪内園子氏および美崎大洋、平林清江両氏の執筆文に詳しく述べられている）。

ゴルフ場併設住宅地

　さらに前述の我孫子ゴルフ場に併設された住宅地は、四万坪という大規模なものが予定されていた。ゴルフ場開設直後に近衛文麿など一部の人たちが購入、その後一九三五年以降染谷町長などの所有地が直接東京在住の会員などに販売され、三八年には大手不動産会社大西土地拓殖株式会社が分譲することになった。大西土地拓殖の千葉県

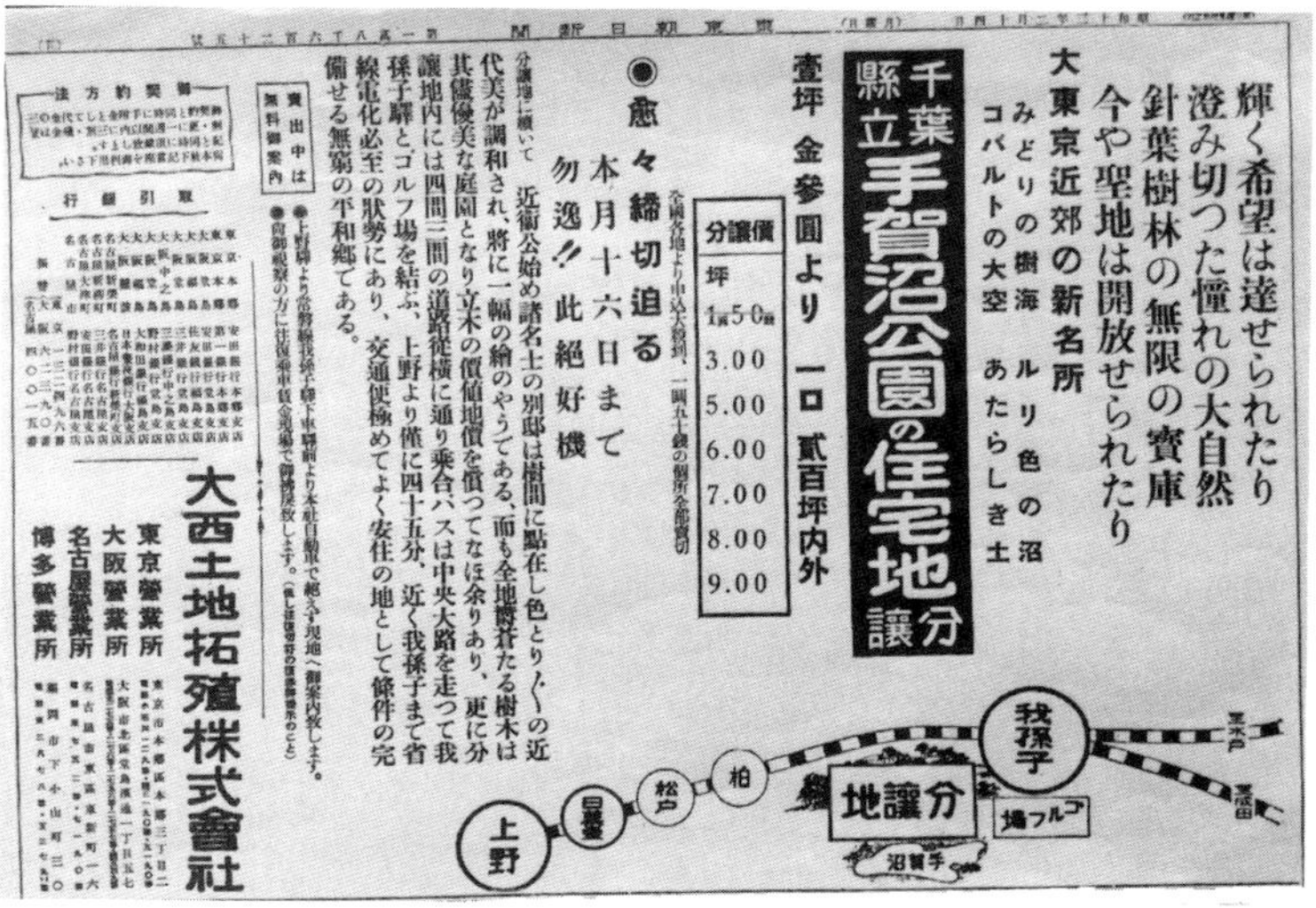

図5-8　「手賀沼公園住宅地分譲」広告（『東京朝日』1938年2月14日）

立手賀沼公園の住宅地分譲の新聞広告が三八年の『東京朝日』に掲載されている（図5―8）。そこには一坪三円より、一口二百坪内外などと記されている。「旧土地台帳」の詳しい分析はできていないが、染谷名義の土地の売買や大西の会社からの分譲の事例を見ると、成田線南側のゴルフ場に隣接する現在の東我孫子一丁目から二丁目にまたがる地域であった。ただ、そこにすぐ別荘や住宅が建てられたかは分からない。なお駅は戦前には設置されず、我孫子駅からゴルフ場行きのバスが利用された。東我孫子駅が設置されたのは、一九五〇年（昭和二五）になってからである。

筑波高速度電気鉄道と田中村・鴻ノ巣台住宅地の計画

柏市域においても、一九二八年（昭和三）三月、田端（東京府北豊島郡滝野川町、のちに日暮里に変更）と筑波山（茨城県筑波郡田井村）を結ぶ筑波高速度電気鉄道が鉄道大臣によって認可され、田中村（柏市）がその経由地となった。これに呼応して東京の新那須興業株式会社（経営）と新興土地株式会社（分譲）は、田中村の停車場予定地近く同村十余二の小字鴻巣に「鴻の巣台経営地」総坪数三〇余万坪という大規模の宅地開発・分譲を進めた。ここ鴻巣や北庚塚《きたかのえづか》などは、はじめ青木周蔵（外務大臣など）が所有し、その後旧島原藩主松平氏等を経由して新那須興業が購入した。会社のパンフレットには一区画三〇〇坪合計八〇〇〇口。価格は一坪三円三〇銭～、経営時期は約二年後の筑波高速度電鉄開通と停留場設置と同時などと記され、二九年六月二日『東京朝日』の広告欄に「分譲開始月余にして申込十万坪を突破！」などとある。しかし、筑波高速度電気鉄道は幻に終わった。その原因の一つ、茨城県柿岡地磁気観測所三〇㎞圏内は地磁気観測に影響を及ぼすという理由で、直流電化の認可が日暮里駅から途中の谷田部駅までに止まった（二八年八月）。また会社が経営難に陥って京成電気軌道（京成電鉄）に合併され、三一年一二月山手線接続の一部区間を除き西新井・田井村（筑波山）間の計画が取り下げられた。それから七五年近く経った二〇〇五年つくばエクスプレスが開業した。

柏田園都市計画と軍郷化の動き

一九一九年（大正八）制定の都市計画法では、都市計画の対象は東京・大阪などの大都市と地方の中心的都市に限られていたが、三三年（昭和八）の都市計画法改正によって、すべての「市」と内務大臣の指定する町村に都市計画法が適用できることになった。一次資料が手に入らなかったので新聞報道で追っていくと、同年八月から千葉県においても全県的に町村を含む都市計画立案の報道がみられるが、柏や我孫子においては、「柏都市計案好転」という一九三七年（昭和一二）一一月一九日の『東京日日』千葉版が最も早い報道であった。「好転」とあるのは、それ以前に柏町から都市計画適用の要請はあったが、県がそれを困難とみていたのだろう。それが新たに「柏町都市計画調査委員会」が町長を中心に組織され、都市計画の大綱を近く決めたいという陳情が認められたからであった。

翌三八年一月一三日の『東京日日』千葉版に、「柏を田園都市に／具体案成る」の見出しで、「重要施設が柏付近に設置され大躍進を予約される柏町では、かねて都市計画法を実施すべく具体案を作成中であったが、このほど成案を県を通じて内務省に答申。内容は柏駅を中心に十八町内に六本の放射路線を新設し、住宅地区として戸張、呼塚方面の手賀沼に面した風光の絶佳地を選び、豊四季方面を工業地帯とし、高田、篠籠田方面を田園地区とし、将来は隣接地である富勢、風早、八木、田中の四ケ

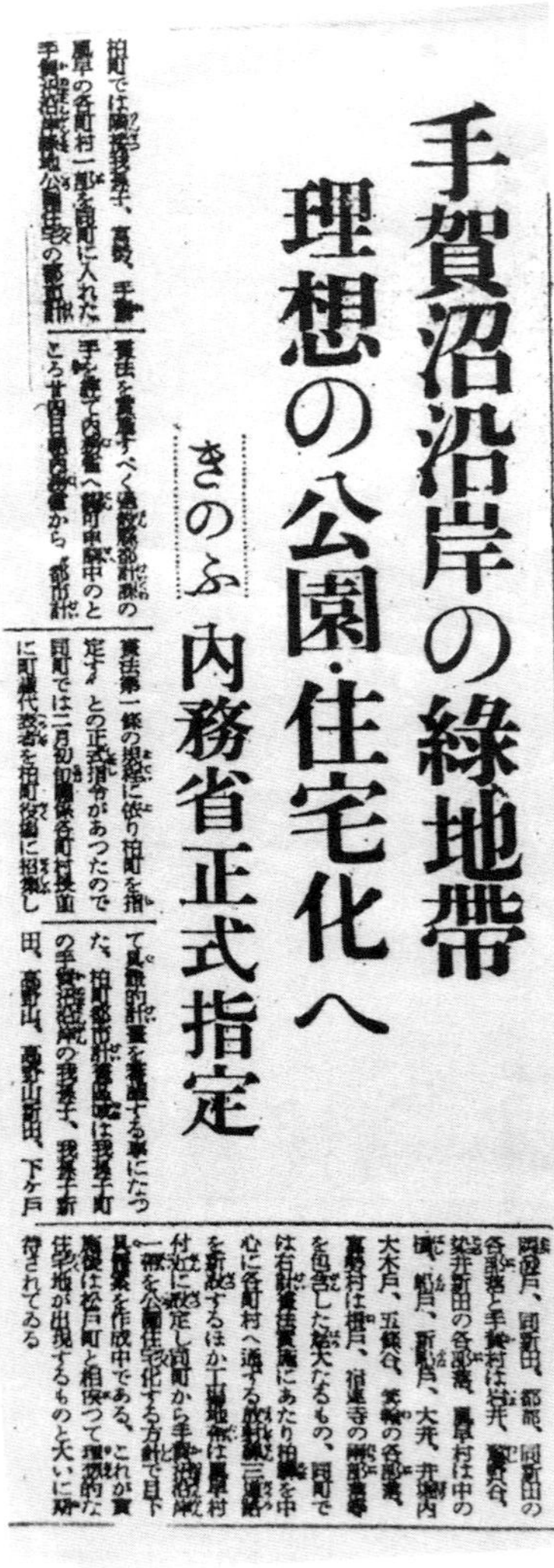

手賀沼沿岸の緑地帯
理想の公園・住宅化へ
きのふ 内務省正式指定

柏町都市計画指定される（「手賀沼沿岸の緑地帯」の記事）」
（『千葉読売』1939年1月25日）

村を包含し戸数六千戸、人口三万人の田園都市として東葛北部の中心地たらしめ意気組《（マ　マ）》みのものである」とあり、同日の『千葉読売』もほぼ同内容であった。すなわち「柏駅を中心に十八町内（約二km圏）に六路線の道路を放射状に配置する」というのは、前述の大正末の吉田甚左衛門の計画案と類似しているが、それぞれ住宅地区、工業地区・田園地区の三地区方面に通ずる道路と思われる。また住宅地区として「風光明媚」な呼塚・戸張など手賀沼沿岸を考えているのは注目され、すでに柏駅周辺には商店街や住宅地があり、その東側に新たな住宅地区をつくり、また駅南の常磐線に沿った豊四季地区に工場地区を、駅から西へ広がる篠籠田や高田を田畑の集まる田園地区として、手賀沼と田園地区が町の中心部を取り囲む「田園都市」をキーワードに都市計画を立てようとしていることが窺える。

一九三九年（昭和一四）一月二一日、内務省告示により「都市計画法第一条ノ規定ニ依リ千葉県東葛飾郡柏町ヲ指定ス」と柏町の都市計画法による指定がなされたが、しばらく間を置いて翌々四一年五月一六日ようやく、柏町都市計画区域が認可された。しかし、計画区域は柏町だけでなく、我孫子町大字我孫子・我孫子新田・高野山・高野山新田・下ヶ戸・同岡発戸・岡発戸新田・同都部・都部新田と富勢村大字根戸・宿連寺、風早村大字大井・五条谷・箕輪、手賀村大字岩井・岩井村新田・鷲野谷・鷲ケ谷新田・染井入新田・染井入新田・泉村新田・同片山新田など、手賀沼沿岸地域が大幅に加えられた。だが、この「田園都市」計画は、前掲三八年一月一三日の新聞にある「重要施設」とは、十余二の陸軍柏飛行場はじめ軍事施設を指し、柏の軍郷化と一体的に進めようとしたのである。その結果、アジア・太平洋戦争の泥沼化によって「計画」は実現するには至らなかった。

終章　戦後の手賀沼・我孫子の光と影 ― 歴史から学ぶこと

図6-1　手賀沼干拓地―右手賀川・右奥手賀沼・左南部手賀沼、合流点左上第一干拓地・右上第二干拓地
（『柏市史（沼南町史　近代史料）』）

前章で見たように、手賀沼の自然や景観を生かした理想的田園都市をめざす歩みが始まった。だが、長期の戦争によって歩みは中断、後退を余儀なくされた。それでも戦争が終わると復興と新たな町づくりに動き出した。

終章では、まず戦争直後の町の新たな動きについてみていく。つぎに、国がその目標を経済大国化へ舵を切り、高度経済政策が本格的に進行すると、大都市の近郊にはそれを支えるベットタウンとよばれる画一的な住宅都市が次々と誕生した。それは各地域の特性、すなわち自然や歴史、さらにその町の容量（キャパシティ）を考えに入れた町づくりとはいえなかった。そこに大きなひずみが生まれ、さまざまな自然や環境の破壊が生じた。

1　手賀沼・我孫子――戦後のあゆみ

敗戦直後の新しい息吹

一九四五年（昭和二〇）八月一五日、長期にわたる戦争は悲惨な結末を迎えた。我孫子町においても多数の町民が徴兵され、アジア・太平洋の戦場で戦い、働き盛りの生命が失われた。ただ一つ幸いだったのは、町ぐるみの空襲は免れたことであった。

翌年ごろから、新しい時代を担う学生や青年たちは自発的に「湖友会」という文化団体を作って、学校設備の募金のための芸能大会、児童のための映画会、夏季の自由講座、良書普及のための湖友文庫、その他スポーツやハイキングなどの活動を行い、また白山や子の神の新住民の女性を中心に、家庭婦人の生活向上はかり、相互に助け合いながら、平和で明るい社会を築いていこうと「葦の芽婦人会」を組織して、子供会、主食研究会、野菜作り、洋裁、読書など活発に活動した。(1)

楚人冠の遺志（四五年一〇月死去）を継ぎ、旧志賀邸に疎開していた俳人深川正一郎を迎えて湖畔吟社の句会も続けられた。さらに湖畔吟社の同人たちを中心に、四八、四九年の夏手賀沼で灯篭流しと花火大会を催し、「手賀沼有史以来」という人出と好評を勝ち得たという。(2)　楚人冠七周忌に当たる五一年一二月、河村蜻山制作の陶板の楚人冠句碑除幕式が現在の楚人冠公園で行われた。(3)

戦後の我孫子にとって忘れることのできないのは、評論家坂西志保（一八九六～一九七六）である。坂西は一九二二年（大正一一）二六歳で渡米、大学・大学院で学び、米国連邦議会図書館に一〇年余り勤務して、日本の図書・資料収集に当たり、また石川啄木や与謝野晶子などの作品の翻訳、紹介な

図6-2　第一小学校バザーと坂西志保（写真中央）
（『我孫子　みんなのアルバムから』）

ども行ったが、日米開戦により日米交換船での帰国を余儀なくされた。

戦災で家を失った坂西は、楚人冠の四男杉村武（朝日新聞記者）の勧めで、楚人冠亡き後かつて藤蔭静枝の住んだ「崖の家」に約三年間生活し、勤務先丸の内のＧＨＱまで超満員の常磐線で通勤した。また嘉納治五郎の三男履方の常磐線終列車転落事故死などもあり、常磐線の安全と電化促進をＧＨＱに訴えるなどしたことから、坂西の小田原への転居後ではあったが、四九年松戸―取手の電化が実現した。坂西は、ＰＴＡ活動にも力を注ぎ、自ら我孫子第一小学校のＰＴＡ会長となってその役割を伝え、学校施設充実のための資金をバザーで集めるという実践も行って見せるなど（図６―２）、我孫子においても、民主主義の伝道役を務めたのである。[4]

こうした一方で、町の財源に苦しむ我孫子町では、五二年ごろから手賀沼に公営競艇場計画が持ち上がったが、それを支持する商工会や農民を中心とする旧住民とそれに反対する勤め人や女性たちを中心とする新住民の対立の様相を来たし、町を二分する激しい闘いとなった。詳しい経過は省略するが、五五年二月、町長選挙によって僅差で前町長が敗れ、計画は中止された。この年の四月二九日、我孫子町（前年富勢村の一部と合併）は、湖北村、布佐町と合併して新我孫子町が誕生した。[5]

「我孫子住宅都市計画試案」

前章で述べたように、柏町を中心に我孫子町を含む手賀沼沿岸区域を対象として田園都市をめざした都市計画は、戦争の激化とともに中断を余儀なくされた。戦後いち早く新たな都市計画を構想したのは秋谷好治我孫子町長である。秋谷町長は、町村合併前の一九五一年（昭和二六）都市計画家秀島乾（一九一一―一九七三）に依頼して「我孫子住宅都市計画試案」が作られた。この試案は、あまり知られていないので少し詳しく紹介したい。秀島は、戦後すぐ日本最初の都市計画コンサルタントとして活躍し、近隣では五五年日本住宅公団発足まもなく松戸市常盤平団地の設計を手がけ（共同設計者とともに都市計画学会石川賞受賞）、また五七年には「柏衛星都市計画試案」を作成した。このほかポートアイランド（神戸市）、東京高速道路スカイウェイ、駒沢オリンピック公園などの計画にも携わり、都市景観にはとくに心を配った専門家であった。

秀島は、我孫子の住宅都市としての立地条件を次のように分析している。

①東京への通勤距離は国鉄で三二・七km、四六分、住宅都市としては適正な位置にある。

②手賀沼を望んで風光に恵まれており、さらに建設予定地は、高燥の高台で適度な山林が点在し、各住区を囲む地形にある。

③常磐線は大都市近郊の市街地が連なっていない処女地で、理想的な農耕地帯に囲まれた田園都市形態が可能である。

④地価が他地域に比して安価であり、近代的な宅地造成を行っても経済的に土地経営が成立する見込がある。（当時東京の環状線内住宅地は坪平均五〇〇〇円、環状線外で二〇〇〇円のところ、我孫子

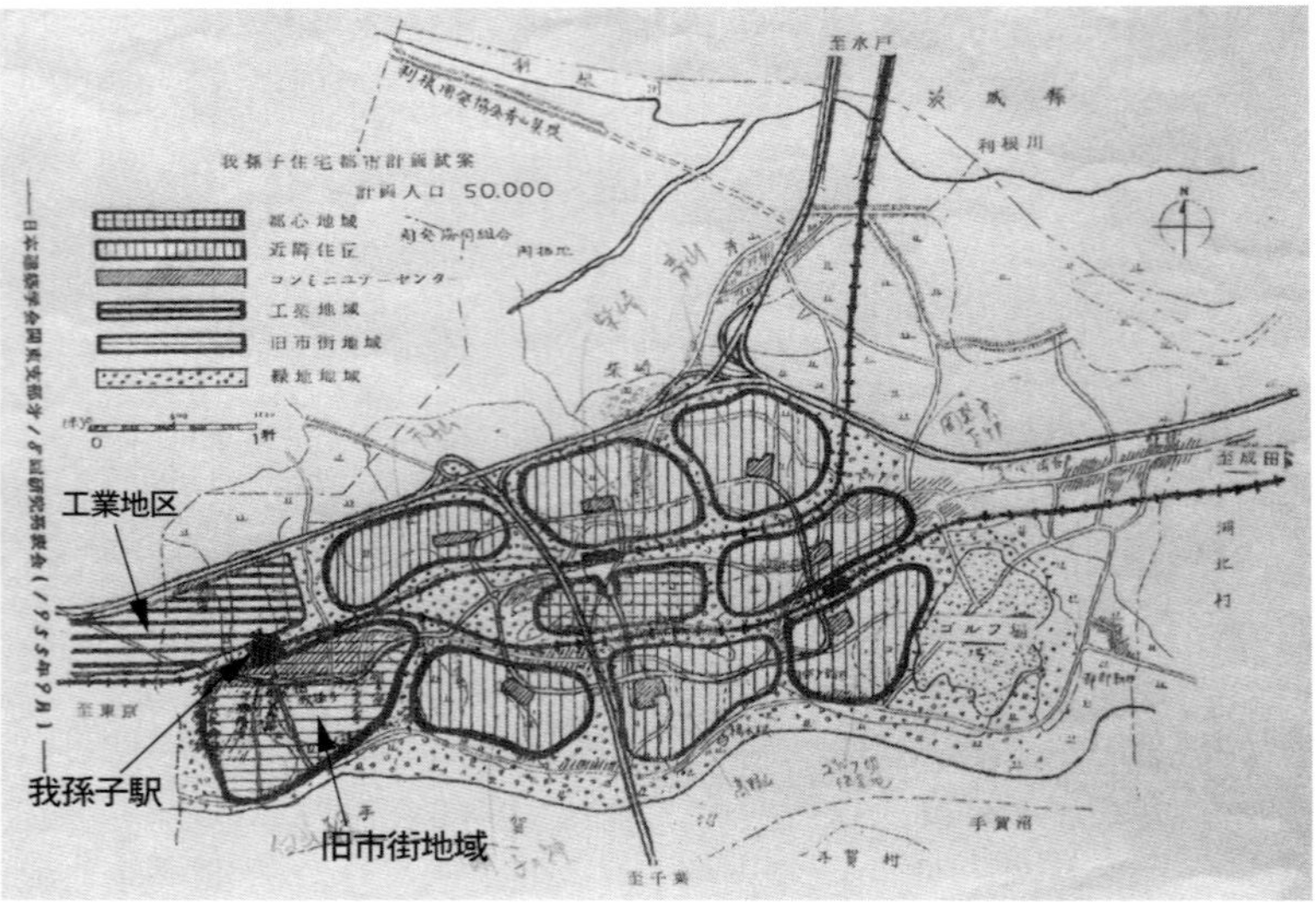

図6-3　秀島乾「我孫子住宅都市計画試案」付図
（『日本建築学会研究報告』1955年11月）

では平均六〇〇円前後であるとしている）⑤上水道はその接する利根川より取水、下水道は手賀沼に面する高台地形、瓦斯施設は常磐炭の入手容易な点から都市公益施設の建設が容易である。

　このように立地条件に合格点を出し、それをもとに計画を作成した。そのポイントは、Ⓐ市街計画の基本構成、Ⓑ構成住宅の配列方式の二点にまとめられた。

　Ⓐでは、我孫子は東京都の住宅都市として規定されるので、「文化的な田園都市形態の形成」をその方針とし、特にこの地域が保持する自然環境の優美な点を市街構成に折り込むように努め、いわゆる別荘地又は公園アパート方式の緑の住宅地として樹林の保存を図った。卵形の七近隣住区（計画人口約六、〇〇〇人平均）を常磐線と成田線に囲まれた中央都心区を中核に一〇〇～二〇〇m幅の樹林緑地

で囲んで、南側の手賀沼及び北側の国道間に衛星的に布置した。各近隣住区間の連絡は環状道路で結び、住区コミニュテーセンターはこの環状道路に接してその住区の卵核の位置に配置した。各住区より中央都心区への交通は一kmで自転車又は徒歩、通勤駅への誘致距離限界は一・二kmまでとした。

Ⓑでは、住宅地は原則として画地割《かくちわり》を行わず共同庭園の方式を採用、幼児及び児童遊戯施設はもとより家庭農園、花壇等も総て共同利用管理する新しい方法を試みたため、住宅群の配列は自由で住区の造園的な景観の造成を期待した。住宅の構成は高層アパート・中層フラット及び一～二階建の独立住宅群を原則として鉄道に沿った緑地帯より外方へ向って上記の順で地形順応型の形式で配置した。

付図（図6―3）によると、旧市街地域（我孫子駅南側の本町と緑・白山の一部）と工業地区（日立精機など）を除く地域は、前述のように都心地域と七近隣住区に分けられ、都心地域の駅は当時まだ開通していない天王台駅付近、都心地域は現在の天王台南地区付近に位置している。七近隣住区は左上の住区から時計回りに、並木地区、柴崎地区、青山地区、岡発戸・下戸地区、東我孫子地区（駅は一九五〇年開通）、高野山地区、子の神地区それぞれその付近に位置している。また国道から船橋あるいは千葉方面への道路も現在の県道船橋―我孫子線（船取線）に近い。計画人口五万人とある。

この試案が作られた五一年前後の時期、人口急増に苦しむ東京都は、これまでのような無秩序無計画の市街化でなく、東京都の「衛星都市」として計画的に住宅地や工業地を配置、建設するという方法で解決しようとしていた。一方東京近郊で戦後復興策を模索する市町村も、東京の「衛星都市」としての発展を理想と考えた。とくに戦前に市街化が遅れ、地価も安く、大規模な住宅地の供給が可能で、都心（新橋駅、のちに有楽町）乗り入れが決まったばかりの常磐線沿線の市町村は、格好な候補地と考えられたのである。秀島はこの試案を東京都の担当部局に提案したが、我孫子のような小町村の場合、大規模な宅地造成とそれに付随する学校はじめ公共施設の建設費の負担は、地元・東京双方にとって大きな問題であり、国の検討も始まったばかりだった。結局、この提案は取り上げられずに終わり、町の検討もそれ以上は進まなかった。(6)

手賀沼の戦後干拓

戦争は終わったが、国民は深刻な食糧危機によって再び死にさらされた。政府は、一九四五年（昭和二〇）一一月食糧増産と帰国者の就業対策を兼ねて「緊急開拓事業実施要項」を閣議決定した。そのなかには印旛手賀両沼の干拓も含まれ、翌年一一月安食小学校で起工式が行われた。農林省「印旛沼手賀沼国営干拓事業計画概要書」によれば、両沼に根本的排水事業を施して沿岸耕地六五四四haの水害除去と沼地の干拓により三〇一三haの耕地を造成するとした。排水排除の方法は、一九二八年（昭和三）の干拓計画と基本的には同じで、手賀疏水路（亀成～平戸口）と印旛疏水路（平戸口～検見川掘り、合流させて東京湾幕張地先に排出する花見川ルートがとられた。手賀沼の開田面積は九〇八ha、沼の水面約一二〇〇haの大半を干拓する計画であった。

しかし、予算や資材不足、官庁間（農林・建設省）の指導権争いその他、さまざまな要因が重なり工事は一向に進まなかった。一部農民の反対もあった。その理由は、新たにつくられる排水路とその堤防によって自分の農耕地が潰されること、干拓で地下水の低下による干害の恐れ、沼の藻草などの肥料が取れなくなることなどであったが、食糧増産の声を打ち消すまでには至らなかった。

手賀沼の工事は、印旛沼に比べてもほとんど進まなかった。追い打ちをかけて毎年のように大水害による大減収が重なり、手賀沼沿岸農民の不満は激しさを加えた。五一年八月、大森町（印西市）長楽寺で手賀沼水害対策沿岸民大会が開かれ、排水機設置事業を印旛沼と切り離して進めることを決議、また翌五二年七月に土地改良法による普通水利組合と耕地整理組合両方の機能を持つ手賀沼土地改良区が設立され、それらが契機となって手賀沼単独の干拓へ大きく転換していった。

五六年一〇月、手賀沼排水機場の建設が完成、排水機はそれまでの日本にはなかった最新式の大型ポンプで、水位変化の激しい利根川に対応して排水できるという画期的なものであった。これによって手賀沼の排水すべてを利根川に流すことが可能になった。これを『千葉新聞』は、「東洋一の揚《ママ》水機場」と報じた。それに先立ち五五年三月、「手賀沼干拓土地改良計画」が策定されたが、最新式排水機による利根川への排水と水害防止のほか、干拓は沼全体ではなく沼の東側（下沼）約五〇〇haとし、西側（上沼）と下沼の南に屈折した先端部（南部手賀沼）の合計六五〇haは既成耕地の用水の水源として残すなどとした。これにより干拓地内に四二五haの新田を造成するとともに既成耕地一七三五haの用水改良を行い、二万九〇〇〇石余の米麦の増産が見込まれるという計画であった。

五〇〇haの干拓事業は、五七年一月から六八年三月まで行われ、地形の関係で第一干拓地（下沼の南に曲折した部分）六四haと第二干拓地（下沼の大部分）四三六haとに分けて行われ、四二五haは新田に、残りは用排水路、道路、堤防、橋などに充てられた。また干拓後も残される水面六五〇haには洪水調節が必要となることから、沼端から利根川までの排水路（手賀川）との境に手賀調節水門が設けられ、水門は魚族の保護や舟運などにも配慮された。並行して地元の漁業協同組合との間に漁業被害の補償協定も交わされた。国営事業費総額二八億円。ほかに県営の土地改良事業なども加わった。

こうして六八年五月、水害に悩まされ続けてきた沿岸農民にとって宿願だった手賀沼干拓の竣工式が行われた。しかし、ちょうどこの時期、国は減反政策に転じ、また沼の面積が半減したため、後に述べるように、沼の汚染が広がり農業用水にも影響するなど沿岸の農業にとっても新たな問題に直面していくことになる。(7)

手賀沼観光開発計画

戦後四、五年経った頃、地元の医師で俳人染谷明は、町会議員の有志たちと旧町役場下や雁明下の田んぼから沼にかけて町民のためのグランドやプールを作り、楚人冠公園と雁明の高台を観覧席と遊園地にする提案をしたという。しかし、農地転用の問題もあって実現しなかった。一九五七年（昭和三二）、町村合併の翌々年、我孫子の手賀沼公園隣にアビコセンター「健全娯楽の殿堂」という施設がつくられた。二五〇〇坪の敷地に大小七つの釣り堀と沼沿いに三五〇坪の細長い建物は、廊下から釣り堀に釣り糸を垂れることもでき、また風呂、舞台付きの大部屋、大小一四室の部屋などが設けられた。宿泊はできないが、釣り客はもちろん、家族や団体で一日楽しむことができるよう計画された。

（『我孫子町報』一九五七年六月）

また、競艇場計画はとん挫したが、その施設建設を予定していた安美湖レクリエーション株式会社は、町へ賠償の請求はせず、千葉観光株式会社と社名変更して観光遊園地の建設を表明した。観覧席など陸上の施設をつくるためとして埋め立てられた我孫子新田地先地約一万二千坪をそれに充てる計画で、さらに二万八千坪の追加埋め立てを請求した。

同じ五七年、柏市長の呼びかけで、我孫子町、沼南村の三市町村による「手賀沼沿岸開発促進協議会」が結成され、五九年には六四年オリンピックの東京開催が濃厚になると、漕艇競技場の手賀沼誘致運動に取り組んだ。戦前の「幻の東京オリンピック」同様、埼玉県戸田との争いとなったが、前回と同じく戸田に決まった。オリンピックが絶望的になり、千葉観光の遊園地計画も停滞するなかで、新たに大レジャーランド計画が浮上した。柏市役所で開かれた同協議会の席場、手賀沼観光株式会社発起人会の代表は、「トップレベルの人々が参画して、ロサンゼルス郊外のディズニーランド規模を参考にして観光事業を計画している」（要約）とその事業計画の説明を受けた（六〇年一月柏市議会会議録）。同年四月、全日本観光開発株式会社と名称変更して正式に発足、会長に安井誠一郎元都知事、社長に米本卯吉東京都競馬（株）会長、取締役に丸善土地、後楽園、京成電鉄、東武鉄道各社長など錚々たる顔ぶれであった。

「事業計画書」によれば、用地は手賀沼沿岸の柏・我孫子・沼南の山林原野など二〇万坪と同埋立地二〇万坪の合計四〇万坪。施設は、（A）温泉施設を取り入れたヘルスセンター、海外客なども見込んだ観光ホテルなどの宿泊・室内娯楽施設。（B）児童・生徒対象のジェットコースター、宙返りロケット、メリーゴーランドなど遊戯施設、一般対象の運動釣り堀など、観覧船、モーターボートなど水上施設、野外劇場など。（C）体育館、公式の水泳プール・陸上競技場、野球場、テニスコートなど体育施設。（D）沼横断のケーブルカー、一〇〇mの手賀沼タワー、サイクリングコース、プロムナードなど野外施設。（E）スクールロッジ、スクールキャンプ場、科学館、水族館など教育科学施設。ほかにヘリポート、駐車場その他の施設という一大レクリエーションセンターをめざした。

千葉観光から我孫子沿岸一万二千坪の埋立免許の譲渡を受け、さらに我孫子町議会の同意を得て五万八千坪の新たな埋立免許も加え、一九六二年八月、我孫子を中心にヘルスセンター、マンモスプールなどの第一期工事の起工式が実施された。はじめ順調にスタートしたかに見えたが、柏地区の土地買収が進まず、計画は縮小され、さらに会社の経営も船橋ヘルスセンターなどを経営する朝日土地興業が株式の四五％を獲得するなどの大きな変化が起こり、地元にも会社不信の風評が流れるようになった。しかし、会社側は埋立工事を続けたが、六五年には手賀沼の汚染と会社財務の悪化を理由に遊園地計画の中止と宅地に転用するという方針転換の意向を示したのである。これに対し、我孫子町議会の追及はもちろん、国会や県議会でも農地転用の目的違反（当初目的の遊園地を宅地に変更）という農地法違反の疑いで追及がなされた。しかし、最終的には県議会で宅地化はやむなしとされ、我孫子町の全日本観光開発所有の農地と埋立地合計約九万二千坪のうち約一万坪は町に寄付、六九〇〇坪は千葉県に、約七万坪は日本地所と三金不動産（三菱金属鉱業出資）などに売却され、大レジャーランドの予定地は、分譲住宅地（若松地区）、町の公民館、県立高校となっていった。[8]

2　高度経済成長と手賀沼・我孫子――歴史から何を学ぶか

ベッドタウンへの道

一九五四年（昭和二九）一一月我孫子町と富勢村久寺家・根戸新田の全域および根戸・布施・呼塚新田の一部地域が合併、さらに五五年四月湖北村・布佐町とも合併して新しい我孫子町が誕生した。人口は二四、九六七人、新しい我孫子町役場も旧・我孫子町役場に置かれ、染谷正治が初代町長に選ばれた。また、五六年一月に都市計画委員会が発足、七月建設省告示によって我孫子町全域が都市計画法の指定区域となった。

千葉日報

我孫子を住宅都市に

答申待って構想固める

秩序ある発展期す

道路や団地を計画的に配置

人口十六万想定

図6-4「我孫子を住宅都市へ」
（『千葉日報』1966年6月15日）

いま述べたように合併時（五五年四月）の人口は約二万五千人であった。その後最初の五年間の人口増加は二千人に止まったが、つぎの五年間に六千人、つぎは一万六千人と次第に大きく増加してはじめ、七〇年（昭和四五）七月に市制施行を遂げ、この年人口は五万人に達した。さらにつぎの五年間に二万七千人、二万五千人と大幅な増加をつづけ、八〇年には一〇万人を超えるに至った。その増加率は、一時全国二位となった。

その原因の一つは、六〇年代に入り、市が都市開発に本格的に動き出したことにあった。六〇年には常磐線新駅（天王台駅）の設置と新駅周辺の土地区画整理事業などの問題が進展し、さらに翌年には日本住宅公団の住宅団地誘致運動も大きく前進した。町は、我孫子町開発委員会を発足させ、『広報あびこ』六一年六月号を見ると、天王台駅設置予定地周辺一八万五千坪、我孫子駅前商業地五万七千坪、我孫子駅北口五万三千坪、根戸地先国道南側九万六千坪、湖北駅南側二四万三千坪、新木駅南側一三万坪の区画整理事業の予定が掲載され、さらに同年九月号には、今後一〇年間に宅地造成一二三万坪・その人口七万五千人との計画が公表され、そのなかには、すでに造成完了あるいは造成中の鉄道共済組合による柴崎字小暮の三万六千坪・三四〇〇戸、日本電建の根戸台田の八千二〇〇坪・二五〇戸、第一住宅協会の根戸船戸八千六〇〇坪・一一〇戸などが含まれていたのである。その後、湖北台団地、布佐駅周辺、久寺家地区（つくしの）などへと広がっていった。(9)

また、こうした新規の宅地計画だけでなく、その前後には、旧別荘地とその周辺地域にも住宅建設が進みつつあった。白山の嘉納農園跡地（白山一丁目）の分譲は戦前からだが、戦後になるとその居住が本格的に進み、農園跡地の西側（同二丁目）へと拡大していった。つぎに柳、嘉納、杉村などの別荘地周辺と志賀邸のあった弁天山の台地一帯（緑一、二丁目）、さらに子の神別荘地とその周辺（寿一、二丁目）、成田線東我孫子駅の新設（一九五〇年）による我孫子ゴルフ場の別荘・住宅地に加えて東我孫子駅周辺の宅地化が進んでいった。かつての別荘地は数百坪から数千坪に及ぶ大規模なものであったが、それが細分化されてその何十倍かの住宅が建てられ、その際、それまでに保持されてきた自然が破壊されるケースも少なくはなかった。

それでも別荘地が台地際につくられていたことから、斜面林など自然や環境が保持されたケースもみられ、また戦前には一区画二～三〇〇坪単位で売り出された住宅地も少なくなかったので、そうした分譲地は、戦後の分譲地と比べ、住環境に優れているようにも見える。さらに、市・県当局や市民による環境保存の取り組み、志賀、村川、嘉納、杉村などの別荘の土地や建物の買収を通した歴史遺産保存の取り組みなどが大きく関わっているように思われる(10)。

「死の手賀沼」を見た！

ところで、高度経済成長期、一九六〇年代以降に手賀沼汚染は、急激に悪化していった。それは、流域住民の家から流れ出た家庭排水が最大の原因であった。とはいえ、もちろん住民だけが原因ではない。経済成長を最優先させて無計画に大都市周辺に人口を集中させた政府の経済政策に最も大きな原因があり、また合成洗剤（中性洗剤）など環境への影響を軽視して大量生産・販売した企業、さらに家庭や工場などからの下水処理施設を整備しようとしなかった行政、それぞれに原因があったのである。また手賀沼においては、その最中に手賀沼の干拓工事が竣工、沼の面積が大幅に減少し、かつての沼の自浄作用が大きく失われた結果でもあり、手賀沼保勝会の趣旨にあったように、一度失われた沼は元には戻せないという言葉通りになったのである。

人口集中の大きな受け皿となったのは、日本住宅公団（ＵＲ）の公団住宅であった。経済産業の中心地でもある大都市周辺の山林、田畑など数万坪から十数万坪を造成して大規模な団地を建設した。

朝日新

川はアワ立ち 魚、窒息しそう
中性洗剤でよごれる
柏 “農業用水にも使えぬ”

柏市内を流れる大堀川、大津川は豊四季、光ケ丘団地などで多量に使われる洗たくの排水によるよごれがひどい。同市篠籠田付近は中性洗剤のアワがたち、とても農業用水には使えない有様。このよごれた水は手賀沼にそそいでいるため、魚がだんだん住めなくなるという問題も起きている。

手賀沼漁業協組（深山[illegible]組合長）が手賀沼入口で去年六月に行なった水質検査の結果、大津川が一・二PPM（一〇〇万分の一・二ミリグラム）、大堀川で一・一PPMの中性洗剤が検出され、この含有量では魚が窒息死する恐れも出ると心配している。

ところが手賀沼は印旛沼と違って、水質はよごされるままの野放し状態なので、水質基準を設けるよう近く県に陳情するという。

よごれが目立つようになったのは柏市内の団地造成の影響とみて、柏市と周辺の町で「よごれ対策」について真剣に考えるようになり、東葛中部開発協議会（浜嶋千代丸会長）は、手賀沼の汚濁化と江戸川、利根川の水汚濁問題をも含めて請願書を出し、国会に働きかけるといっている。

このよごれ！ 中性洗剤のアワが立って真白の大堀川（柏市篠籠田で）

図6-5　深刻な手賀沼汚染
（『朝日』千葉版1966年5月17日）

最も多くの団地がつくられたのは、一九五五年（昭和三〇）以降七〇年代にかけてであった。団地は地価の関係もあって駅から離れた土地にもつくられ、そしてその周辺にも大規模な戸建ての分譲地が造成されていった。当初、大都市の住宅難に苦しむ若いサラリーマンなどにとって、通勤には不便だが、鉄筋コンクリート造りの2ＤＫに水洗便所と浴室付きの住宅は理想的な住宅であった。団地にはいち早く流行の白黒テレビが、電気洗濯機が、電気冷蔵庫が（「三種の神器」）買い揃えられていった。しかし、それらには多量の水と電気が使われ、台所、洗濯機、風呂掃除に合成洗剤が使われ、また水洗便所の汚染水も加わった。公団の団地には下水処理施設も設けられたが、汚染処理が不完全なまま流域の川などに流された。団地の新しい生活様式は、次第に団地だけでなく大多数の家庭に広がり、大量の汚染水が川から湖沼・海へと流れ込んでいったのである。

手賀沼汚染は、一九六〇年代後半から大津川、大堀川流域で目立つようになった。六六年五月一七日の『朝日』千葉版は、「川はアワ立ち　魚窒息しそう／中性洗剤でよごれる／柏〝農業用水にも使えぬ〟」（図6―5）と両川の状態を伝えた。六五年には豊四季団地が入居（四六〇〇戸・一万五千人）、柏市は「一〇万都市」となった。七〇年代になると汚染はピークを迎えた。手賀沼流域の人口は、五五年比、七〇年に二・八倍、八〇年には四・七倍となり増加の勢いは止まることを知らぬようであった。家庭排水に含まれるリンや窒素は増え続け、汚染の指標ＣＯＤ（化学的酸素要求量）は悪化し続けるとともに川の河口から手賀大橋東の沼中央部に広がっていった。七九年には沼中央でＣＯＤは一ℓあたり二八㎎という最悪な数値を示した（下水の「大変な汚れ」とされるのは一〇㎎）。六五年から窒素とリンなどによる富栄養化と太陽光によって植物プランクトンが大量発生し水面が緑色に染まるアオコの発生が始まり、七二～七三年からはその大量発生が起こり、魚介類を窒息死させ、死んだプランクトンの分解時には強い悪臭が沼周辺にも広がった。沼に生息していた魚介類や水生植物を死滅させ、飛来する水鳥は大幅に減少、生態系そのものに大きな影響を及ぼし、七四年から環境庁（省）が発表した全国湖沼水質調査で二〇〇一年まで二七年間ワースト1が続いた。この時期手賀沼は、「死の手賀沼」とまで言われる状態に陥っていたのであった。

危機感を深めた地元の人々や自治体は、廃食油を回収して石鹸の製造・利用を広め、家庭での雑排水を減らす取り組み、学校での環境教育や実践活動、沼や川の清掃活動、アオコの回収、ホテイアオイの栽植、啓もうやイベント等々、様々な活動に取り組んだ。千葉県や国も動き出した。一九七〇年「手賀沼流域下水道基本計画」が策定され、翌々年流域下水道建設事業に着手、流域面積二万一千ha余、松戸・柏流山・我孫子の四市と鎌ケ谷・白井・沼南・印西の四町と本埜村にまたがっていた。家庭や工場からの排水は、各市町村の広域下水道から手賀沼の南北に設けられた二幹線に集められ、

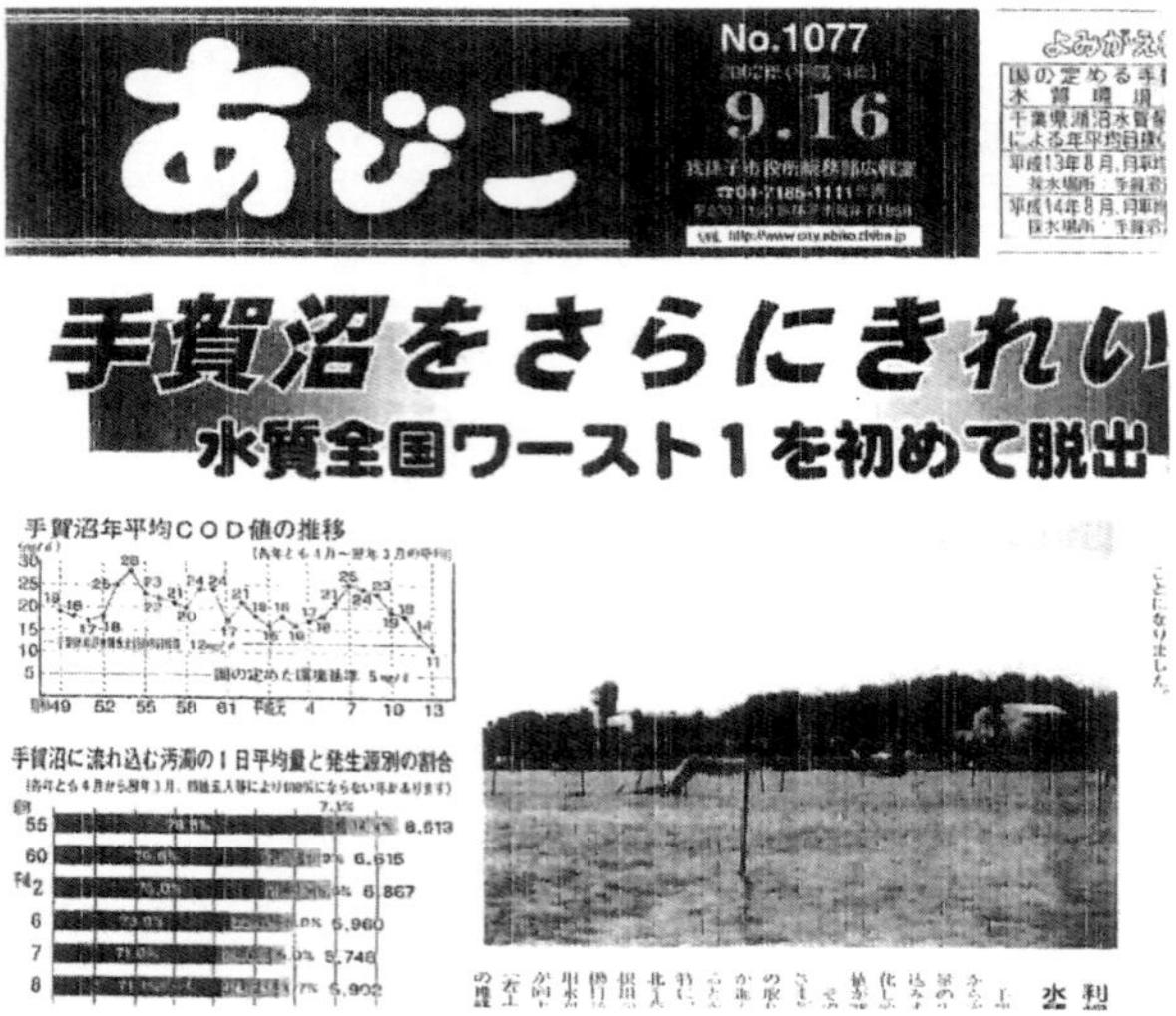

「ワースト１脱出」
（『広報あびこ』2002年9月16日）

手賀沼東北部の相島新田の終末処理場で、活性泥炭と上澄み水に分離され、泥炭は焼却、上澄水は塩素消毒して利根川に排出された。

さらに沼の浄化の切り札とされたのは、利根川の水を手賀沼に流し入れて浄化を図るという北千葉導水事業であった。汚染が始まって以来、何度もそうした案が提案されていたが、実現に至らなかった。しかし、都市化の進行とともに多目的の導水路をつくる緊急性が増し、一九七四年利根川と江戸川を結ぶ北千葉導水事業が着工された。それは水道水など都市用水の確保、手賀川と坂川の洪水防止、手賀沼の水質浄化の三つの目的をもった事業であった。利根川の我孫子市・印西市境の第一機場で毎秒四〇㎥を

取水うち一〇㎥を柏市戸張の第二機場で取水して手賀沼に流し入れての浄化するというものであった。二〇〇〇年（平成一二）から北千葉導水の運用が開始されると浄化の効果が現れはじめ、二年後の二〇〇二年には、二七年続いた湖沼ワースト1は脱出したのである。

しかし、もちろんそれで済んだわけではない。沼の汚染が大きく回復したわけでも、元のような自然環境を取り戻したわけでもない。地元の人々にとっては、大小はあれ、現在まで手賀沼の恵みをうけ続けてきた。コロナ禍で途絶えていた手賀沼花火を待ち望み。春の花見、日常のウォーキング、水鳥との出会い等々を楽しんでいる。水辺の憩いはかけがえのない安らぎの時間である。地元の人々はもちろん、かつて別荘を求め、住居を求めた人々の思いもそこにあったのだろう(11)。

戦後の手賀沼・我孫子の歴史は、かつて手賀沼保勝会のめざした町づくりとは「似て非なる」方向に進んだようにみえる。「死の手賀沼」を経験した我々は、いま地球温暖化という大問題にも直面している。もう一度原点に立ち戻って手賀沼の自然と歴史・文化を見つめ直してみたいと思う。

各章の註

第1章

（1）「日本鉄道株式会社沿革史」野田正徳ほか編『明治期鉄道史資料』第二集
（2）鉄道忌避伝説の検証「日本鉄道土浦線と流山」青木栄一著『鉄道忌避伝説の謎』所収ほか
（3）土木工業協会編『日本鉄道請負業史』明治編ほか
（4）成田鉄道については、『日本国有鉄道百年史』第四巻、白土貞夫「成田鉄道の建設とその背景」『成田市史研究』第二号、「新勝寺参詣客輸送をめぐる成田・総武両鉄道の抗争」同第五号および「総武成田鉄道と成田不動の開帳」『鉄道時報』明治三五年四月一二日など
（5）平山昇『初詣の社会史―鉄道が生んだ娯楽とナショナリズム』
（6）幕末の旅籠ついては『我孫子市史』近世篇（通史編）第一一、一二章。角屋については『血脇守之助伝』に詳しい。
（7）長谷川一編著『あびこ版水戸土浦道中絵図』および前掲『我孫子市史』第九章
（8）行幸全般は千葉県教育会蔵版『明治天皇御遺跡』（千葉県立中央図書館蔵）を基本に『明治天皇紀』で補った。なお、越岡禮子「明治天皇我孫子宿御宿泊―明治十七年女化原演習天覧行幸記」（我孫子クリオの会発行『地域社会史研究』第二号）には、地元の記録も集められており、松島屋村越家の系譜の聞き取りなどもある。
（9）小熊栄二「我孫子宿本陣没落についての一考察」『我孫子の文化を守る会二十年の歩み』
（10）我孫子の製糸業については、品川制子「山一林組および石橋製糸我孫子製糸所について」（『我孫子市史研究』第一五号）に詳しい。

第2章

（1）『我孫子市史』民俗・文化財篇ほか
（2）大町桂月「我孫子の勝」『東京遊行記』一九〇六年八月、染谷家訪問については『柏市史―沼南町史通史編』第四編第二章第六節
（3）初出は、「白馬城放語」『新公論』一九一三年六月号（『楚人冠』全集第一巻　日本評論社　一九三七年）
（4）初出は『文芸春秋』一九二三年五月号（『瀧井孝作全集』第二巻　中央公論社　一九七八）
（5）『地籍台帳・地籍地図（東京）』第三巻（複製版）
（6）長谷川匡俟『近世の地方寺院と庶民信仰』、前掲『我孫子市史　民俗・文化財篇』など
（7）美崎大洋氏は、嘉納は天神山の土地を一九一一年一二月から翌年一〇月にかけて順次買い求めたが、それが一つの土地としてまとまってから別荘を建てたようだ、と述べている（「我孫子と治五郎家の永く濃密な関係」『我孫子の文化四十年の歩み』我孫子の文化を守る会二〇二一年）。
白山の土地購入の目的については、松本芳雄「嘉納農園の思い出」『我孫子市史研究』第四号、楫西雄介「我孫子の嘉納治五

郎―別荘跡と幻の学園構想」『柔道』二〇〇四年四月号　講道館、竹下賢治「柳宗悦の父楢悦」『民藝』二〇一四年八月号日本民芸館など参照。
(8) チロル、モンテベルノンについては、「国際オリンピックを終えて」『嘉納治五郎大系』第八巻
(9) 杉村広太郎宛嘉納治五郎書簡（杉村家所蔵）
(10) 「手賀沼の夜」は『東京朝日』一九一一年一二月一六・一七日、「白馬城放語」、「枯淡庵の記」、「ルバシカの着ごゝち」は『白馬城』所収（『楚人冠全集』第一巻）、『ユゲ』イズム」は『蟲のゐごゝち』所収（同第四巻）
(11) 倉田稔『諸君を紳士として遇す―小樽高等商業学校と渡辺龍聖』小樽商科大学出版会　二〇一〇年
(12) 倉田稔『小林多喜二伝』　論創社　二〇〇三年、「志賀直哉氏の文学縦横談」『文学案内』第一巻第五号一九三五年一一月複製版ほか
(13) 小林多喜二著・曽根博義編『老いた体操教師　瀧子その他―小林多喜二初期作品集』講談社文芸文庫の「年譜」、『志賀直哉全集』第一八巻　岩波書店　二〇〇〇年、ほか
(14) 奥津弘高『徳川慶喜の散歩道―別荘の街・国府津の人模様―』（夢工房　二〇〇七）
(15) 『高嶋米峰自叙伝・米峰回顧談』大空社伝記叢書　一九九三年
(16) 小田晋ほか編『変態心理と中村古峡』不二出版　二〇〇一年、ほか
(17) 山川徹『カルピスをつくった男　三島海雲』小学館　二〇一八年

第3章

(1)・(3) 柳兼子「我孫子の頃」『柳宗悦全集』第二巻月報5　筑摩書房　一九八一年
(2) 松井健『柳宗悦と民藝の現在』筑摩文化ライブラリー　二〇〇五年
(4) 「我孫子から（通信一）」『白樺』第五巻第一二号　一九一六年　前掲『柳全集』第一巻
(5) 浅川兄弟については、高崎宗司『朝鮮の土となった日本人』草風館一九八二年ほか
(6)・(19) 阿川弘之『志賀直哉』岩波書店　一九九四年
(7)・(10) 「稲村雑談」『志賀直哉全集』第八巻　岩波書店一九九九年および「年譜」同第二二巻
(8) この時期の志賀宛柳書簡は、前掲『柳全集』第二一巻上。なお以下、前出の各全集は上記のように略記。
(9) 一九七九年志賀直哉邸跡地分譲の動きが起こった。これに対して市史研究センターによって保存運動が始まり、市民運動に広がって一万人余の署名を集め、翌年三月市が買い取ることが決まった（「市史研究センター会報」第四五号―2一九七九年九月二九日および椙西雄介「我孫子窯四五年―岩村守さんに聞く」『東葛流山研究』第二六号）。
(11) 一九一六年九月執筆「新しい家」小学館版『武者小路実篤全集』第三巻
(12) 紅野敏郎「白樺派の志向―我孫子刊行会本を巡って―」『日本文学講座8』大修館書店　一九八七年
(13) 品田制子「妻たちが見た「白樺派」の我孫子生活―〈房子〉と〈兼子〉を中心に―」『我孫子市史研究』第一三号一九八九、

(14) 前田速夫『「新しき村」の百年』新潮新書　二〇一七年など
(15) 前掲『武者小路全集』第四巻解説（大津山国夫執筆）
(16) 大津山国夫『武者小路実篤、新しき村の生誕』武蔵野書房、二〇〇八年
(17)「或る青年の夢」前掲『武者小路全集』第二巻本文と解説・解題および『新しき村』一九一九年八月号、同一九二〇年五月号（不二出版復刻版）
(18) 佐々木の場合」初出は『黒潮』第二巻第六号一九一七年四月（前掲『志賀全集』第三巻）
(20)「続創作余談」前掲『志賀全集』第六巻
(21) 前掲『志賀全集』第三巻の坂上弘の解説
(22) 辻史郎執筆『志賀直哉「十一月三日午後の事」を歩く』（我孫子市文化財報告書第一七集）二〇二〇年　我孫子市教育委員会、村上智雅子の「志賀直哉の再生の地・我孫子―我孫子を題材とした作品を巡って」前掲『我孫子の文化四十年の歩み』ほか
(23) 志賀直哉「正誤に就て」『文章倶楽部』一九二四年一二月号　（前掲『志賀全集』第五巻）
(24) 以上、柳宗悦「リーチ」・「余の知れるリーチ」および式場隆三郎「リーチ評伝」・「略年譜」式場隆三郎編『バーナード・リーチ』一九三四年、鈴木禎宏「バーナードリーチの窯」『陶説』二〇一二年七月号　日本陶磁器協会
(25) 小熊勝夫「バーナードリーチと佐藤鷹蔵」『我孫子市史研究』第四号一九七九年、市史研究センター『あびこ郷土史散歩』一九八一年
(26) 金子洋文の自伝「その種は花開いた」『金子洋文作品集（一）』筑摩書房　一九七六年、年譜もあり。
(27) 小牧近江『ある現代史―　種蒔く人　前後』法政大学出版会　一九六五年
(28) 伊藤玄二郎「有島武郎と『種蒔く人』」関東学院女子大学『短大論叢』二〇〇一年七月、『種蒔く人』一九二〇年一二月号（非軍国主義号）ほか　復刻版　近代文学研究所発行
(29)「我孫子の思出」前掲『瀧井全集』第七巻
(30)「志賀さんの生活　二、我孫子にて・A」前掲『瀧井全集』第一〇巻
(31)「文学的自叙伝」前掲『瀧井全集』第六巻
(32) 津田亮一編『瀧井孝作文学書誌』　永田書房　一九七七年
(33)「志賀さんの生活　三我孫子にて・B」前掲『瀧井孝作全集』第一〇巻
(34)「対談『無限抱擁』の頃」『我孫子市史研究』第十三号　一九八九年
(35) 中勘助の経歴は、主として『中勘助全集』第一七巻　岩波書店　一九九一年の「年譜」に拠った。
(36) 前掲『中全集』第一五巻
(37) 兄金一、とくに労苦を背負った兄嫁末子については、「氷を割る」前掲『中全集』第七巻、「蜜蜂」同第八巻に詳しく書かれている。

なお、兵頭純二「大正期・我孫子在住の作家たち」『我孫子市史研究』第四号は、本章全体で参考にさせていただいた。
(38) 椿貞雄『没後六〇年師・劉生、そして家族とともに』千葉市美術館　二〇一七年
(39) 本項の美術展出品等の情報は、断りのない限り東京文化財研究所編『大正期美術展覧会出品目録』中央公論美術出版・二〇〇二年　に拠った
(40)『硲伊之助作品集』渓水社　一九七六年
(41) 小崎軍司『林倭衛』三彩社　一九七一年
(42) 田中萬吉の経歴等も含め『広島の美術の系譜』広島市立現代美術館の展覧会　一九八一年
(43)『日本美術院百年史』第五巻所載「児玉素光（素行）」の略歴紹介の小項および図版
(44) 我孫子市白樺文学館編著「原田京平関係資料目録」、「原田京平展」、「我孫子・白樺派を継ぐ者保原田京平」および原田和周著『雲の流れ』等に詳しく書かれている
(45) 甲斐仁代については草薙奈津子監修『女性画家の全貌』美術年鑑社二〇〇三年、『岡田三郎助と女性画家の先駆者たち』展（尾西市三岸節子美術館記念館二〇〇二年）所載の年譜および展示作品などを参照、中出三也の経歴については、白樺文学館企画展「甲斐仁代と原田京平」二〇〇二年付録「関係者プロフィール」および前掲『日本美術院百年史』第四巻所収中出三也の略歴に拠る
(46) 匠秀夫『三岸好太郎　昭和洋画史の序章』求龍堂　一九九二年、林寛子（聞き書き）『三岸節子修羅の花』講談社　一九八九年、三岸好太郎、俣野第四郎の作品等は、『三岸好太郎全画集』朝日新聞社　一九八三年、『青春の軌跡—三岸好太郎と俣野第四郎』北海道立三岸好太郎美術館ほか編　一九九一年に掲載
(47)「手賀沼ゆかりの文化人のうた」我孫子の文化を守る会編『東葛我孫子・手賀沼　我孫子の文化を守る会二十年の歩み』二〇〇一年五月

第4章

(1) 村川夏子執筆「村川別荘の七十余年」『我孫子市史』近現代篇ほか。
(2) 辻史郎執筆「別荘地我孫子の誕生と旧村川別荘」および村川夏子講演録「「村川別荘が語ること—洋行と住食衣主義」、以上『別荘地「我孫子」と旧村川別荘』我孫子市教育委員会二〇一〇年所収。なお、最新刊に浅野伸子・村川夏子共著『近代中流知識層の住まいと暮らし—帝大教授村川家の家計簿を読む』岩田書院がある
(3)『円地文子全集』第四巻　新潮社　一九七八年
(4) 座談会「我孫子の別荘を語る」『我孫子市史研究』第一五号　一九九一年
(5)『成田高等学校創立六十周年記念』一九五八年ほか
(6)「関根正直」昭和女子大学近代文学研究室篇『近代文学研究叢書』第二三巻
(7) 以上、岡野知十「納屋をすまゐに」『郊外』一九二三年六月号、岡野の略歴は、「岡野知十」前掲『近代文学研究叢書』

第三四巻
(8) 清水かつら「私と我孫子」(我孫子案内号)『郊外』一九二三年九月号および岡野知十「舟を湖上に放つ」『郊外』一九二三年七月号
(9) 「木川恵二郎追憶」『郊外』一九二四年三月号
(10) 『日本郵船百年史』、『二〇世紀日本人名事典』、昭和三年版『人事興信録』など
(11) 国立公園協会機関誌『国立公園』創刊号、環境庁保護局編『自然保護行政のあゆみ』
(12) 東京ロータリークラブ五十周年記念委員会編『わがクラブの歴史―一九二〇～五五』
(13) 『財界九州』二〇一五年九月号の日本乾溜工業社長沢井博美氏の説明文より
(14) 『誠之館百三十年史』、『福山市議会誌』、宮田勝善著『ボート百年』ほか。なお三谷と同じ福山市出身で「ふれあい塾あびこ」の多田正志様には資料の提供とご教示をいただいた。
(15) 三谷礼二『オペラのように』筑摩書房一九九二年、同『オペラとシネマの魅力』清水書院二〇〇六年ほか
(16) 「安永秀雄遺稿」(ヘチマコロン株式会社所蔵)及び同社ホームページの「ヘチマコロン物語」、以上の資料は、同社および同社代表中島守和様のご厚意で利用させていただいた。
(17) 二宮での亀井については「二宮ゆかりの人物―亀井茲常(伯爵・宮内官僚)」神奈川県二宮町『図書館だより』第六五号二〇一六年五月および『横浜貿易新報』(『神奈川新聞』の前身)一九三一年七月二三日・二七日・三二年一月二一日三月一〇日・四月九日・一二日に関係記事あり。なお、二宮での資料等については二宮町生涯学習課のご教示をいただいた。
(18) 杉村楚人冠『強肺術』などの翻訳や新聞への経験者の「肺病全快談」の企画連載など(『楚人冠全集』第一五巻)
(19) 『我孫子カンツリー倶楽部』設立趣意書等　我孫子カンツリー倶楽部創立事務所［一九三〇年］(国立国会図書館所蔵)、『我孫子ゴルフ倶楽部五十年史』我孫子ゴルフ倶楽部　一九八一年、『我孫子ゴルフ倶楽部七五年史』　同　二〇〇六年
(20) 古川隆久『近衛文麿』　吉川弘文館人物叢書　二〇一五年。
(21) 『心　総合文化誌』一九七一年一二月号
(22) 越岡禮子「深田久弥夫妻の旅立ちは我孫子の三樹荘から―『日本百名山』の著者・深田久弥の妻・北畠八穂」『会報におどり』第九二号二〇一一年一〇月、佐藤幸子『北畠八穂の物語』北の街社　二〇〇五年
(23) 白山映子「頭本元貞が発信した中等学校英語教育」『東京大学大学院教育研究科紀要』第五六巻二〇一六年、同「頭本元貞と太平洋調査会」『近代日本研究』二〇〇八年、「頭本元貞翁追悼」『英語青年』一九四三年三月、ほか
(24) 図4-11は、高橋三恵子『岡田嘉子との六〇年』(風塵社　二〇〇二年)掲載の写真。本書が竹内良一の甥で、失踪事件直後から亡命帰国後まで岡田に長く関わり、我孫子の撮影所にも二度訪れた映画人黒岩健而からの聞き取りで書かれていることなど信憑性があると判断して掲載した。風塵社の許可は得たが、著者も黒岩もすでに他界しているという。
(25) 本項は、本文に断りのない限り、出典は、前掲『岡田嘉子との六〇年』、升本喜年『女優岡田嘉子』文芸春秋社　一九

九三年および『日本映画人名事典』（竹内良一、岡田嘉子の項）キネマ旬報社　一九九五年など
(26) 百瀬好子「藤蔭静枝の『藤蔭会』上演作品からみた新舞踊運動の特徴」『歌舞伎　研究と批評』歌舞伎学会　二〇〇八年、ほか
(27)「現代陶芸のあけぼの」『現代日本の陶芸』第一巻　講談社　一九八五年、『陶芸家河村蜻山展』（第一回一九九八年一月、第二回同年一〇月　我孫子市教育委員会主催の『図録』の解説、ほか
(28) 本項は我孫子窯監修『岩村福之の陶芸』（図録）一九九四年、椙西雄介「我孫子窯四五年―岩村守さんに聞く」『東葛流山研究』第二六号ほか

第5章

(1) 千葉県の手賀沼土地整理事業については、『柏市史（沼南町史　近代史料）』二〇〇八年
(2) 楚人冠の伝記は、小林康達『楚人冠―百年先を見据えた名記者』　現代書館　二〇一二年、ほか
(3) 十代田朗ほか「戦前の武蔵野における別荘の立地とその成立背景に関する研究」『造園雑誌』五五巻五号　一九九二年
(4) 以上、中島直人「用語『風致会』の生成とその伝播に関する研究」『都市計画文集』三八巻三号、二〇〇三年ほか
(5)『農林水産省百年史』中巻、農業土木学会『農業土木史』など
(6) 小林執筆『柏市史　昭南町史通史編』第四編第四章第二節
(7)「趣旨」の文面と一九二七年一月二九日付吉田甚左衛門宛杉村書簡（柏市教育委員会所蔵吉田家文書）から推定
(8) 干拓促進陳情書（市内文書）および我孫子町会会議録（我孫子市教育委員会所蔵）
(9)「湖畔吟社」および「西瓜の句」『続湖畔吟』（『楚人冠全集』第五巻）、『杉村楚人冠記念館資料解説書　楚人冠と湖畔吟社』（我孫子市文化財報告書第八集）
(10)「村の会」前掲『続湖畔吟』、『我孫子市史』近現代篇第六章第一節
(11) 元の所蔵者は不明だが、手賀沼遊覧急行電鉄（株）の発起人による（同電鉄敷設出願の）「陳情書」
(12)『東京朝日』房総版一九二四年九月一三日、および「花野井公園計画案」、「同設計平面図」（柏市教育委員会所蔵吉田家文書）
(13) 以上、第4章註（19）参照
(14)「千葉県告示第五〇二号」『千葉県報』第五〇三三号
(15) 小林執筆「井上家資料に見る『幻の東京オリンピック』漕艇競技場誘致運動」（我孫子市文化財報告書第一六集『井上家資料解説』二〇一九年）

なお、本章で取り上げた「手賀沼保勝会」などに関連する資料の原文等は、我孫子の景観を育てる会編『楚人冠のメッセージ―愛する手賀沼と共に―』（二〇一二年）にも収められている。

終章

（1）我孫子湖友会『湖友マンスリー』第二号一九四七年一二月、外山朝子「葦の芽婦人会」『我孫子　みんなのアルバムから』

（2）神谷九品「永遠なる蝉噪忌」湖畔吟社『湖畔吟』一九四九年一〇月号

（3）第5章註（9）『楚人冠と湖畔吟社』、句碑は第4章図4―13参照

（4）坂西については、小山心平『戦後民主主義の指導者坂西志保小伝』北海道科学文化協会　二〇〇九年、鶴見俊輔ほか『日米交換船』新潮社　二〇〇六年、杉村武「考える葦―坂西さんと我孫子」『坂西志保さん』国際文化会館　一九七七年に拠る

（5）競艇場については『我孫子市史　近現代篇』第九章第四節（小林執筆）、新我孫子町の誕生については同書第八章第一節参照

（6）「我孫子住宅都市計画試案」『日本建築学会研究報告』第三四号　一九五五年一一月

（7）戦後干拓は前掲『我孫子市史』近現代篇第九章第二節および前掲『柏市史　沼南町史通史編』の第四編近現代編第四章第三節（小林執筆）

（8）戦後手賀沼の観光開発について前掲『我孫子市史』第九章第四節（小林執筆）に詳しく書いたので併せて読んでいただきたい。

（9）ベッドタウン化についても前掲『我孫子市史』第一〇章第一、二節（小林執筆）参照

（10）別荘地の戦後の変遷については、住宅地図や実際に歩いてみた以外には十分な調査・検証はできなかった。

（11）手賀沼汚染については、前掲『我孫子市史』第一〇章第三節および前掲『柏市史　沼南町史通史編』第四章第三節（小林執筆）

おわりに

筆者が我孫子の手賀沼の見える集合住宅に越してきたのは、いまから四〇年ばかり前であった。一九八〇年代前半、手賀沼汚染のピークの時期である。梅雨の季節にはベランダに干した衣類に生臭さが残り、真夏になるとアオコが沼を覆った。それでも朝夕の水辺の景色は嫌いにはなれなかった。

高校で日本史などを担当していた筆者は、「市民のつくる我孫子の歴史」の噂は耳にしていたが、どういうわけか初対面が苦手で市史には加われずに過ごした。偶々知人に誘われて杉村邸を訪れ、ひとり屋敷を守っておられた松子さん（楚人冠五男の文夫氏のご伴侶）にお話をお聞きする機会を得た。九〇年代中頃のことである。その後、我孫子に別荘を持ったころの楚人冠について、勤務先の高校の紀要に書いた粗末な文章を我孫子市民図書館にお送りしたところ、偶々大学院で楚人冠を研究する学生が図書館を訪れたとき拙文を紹介してくださった。それがきっかけとなって二人で再び松子さんを訪ね、ほとんど手つかずに残されていた資料を手にする機会を得た。さらに偶々そのことが市史の近現代部会に知れ、そこに誘っていただき、その結果楚人冠資料の調査・整理を市史の事業としてやっていくことになっただけでなく、通史編の執筆にも参加させていただいた。二一世紀になったばかりのことである。「偶々」が重なった末、それから二〇年余り、杉村家をはじめ地元の資料や諸先達の研究に学びつつ――それにしてはまったく不十分なものだが――本書へとつながったという次第なのである。

「市民のつくる・・・」の伝統の生きている我孫子には、「我孫子市史研究センター」、「我孫子の文化を守る会」、「我孫子の景観を育てる会」、「ふれあい塾あびこ」をはじめ、すぐれた活動や研究がひしめいている。筆者は特定の会に加入することはなかったが、お話をさせていただいたこともあり、また会誌・会報などのご研究から多くのことを学ばせていただき、本書にもそれらを利用させていただいた。直接お断りできなかった無礼をお許しいただきたい。

別荘史を概観して感じたのは、共通するのは、「景観」だけでなく、「文化」や「歴史」、そこに生きた人々であった。「文化」や「歴史」は、守るだけでなくそこに生きている人々が創っていくものでもある。そうした心を大切にしようとする考え方が、別荘の人々にも、地元の人々にも、その基底には共通に流れていて、別荘の人々と地元の人々が協力して新たな町づくりをめざしたように見えるのである。これは他所の別荘史には見られない手賀沼・我孫子の特徴のようにも見える。

それではこれからの手賀沼・我孫子はどうだろうか。美しい手賀沼は、高度経済成長を契機に人口が沼の流域に集中し、汚染度ワースト1を長年経験し、その経験は多くの教訓を残した。行政、教育、専門家と大人も子どもも市民が協力して様々な汚染対策を試み、手賀沼の大切さを実感したのである。しかし現在もなお、かつてのような自然の回復には程遠く、その上に地球温暖化などの難題に直面している。それらの問題の解決に立ち向かおうと模索するとき、時代の違いはあるにせよ、手賀沼・我孫子別荘史や「死の手賀沼」の体験からも学ぶべきことは少なくはないのではないだろうか。

最後になったが、資料の利用に便宜を図って下さった我孫子市と柏市の教育委員会、村川夏子様、ヘチマコロン株式会社をはじめ、すべてのお名前を挙げることはできないが、皆様に御礼を申し上げ、また本書の出版に無理を承知でお引き受け下さったたけしま出版の竹島いわお氏に幾重にも感謝申し上げたい。また、本書を読んでくださった皆様の忌憚のないご批判をお願いする次第である。

二〇二四年六月

小林康達（こばやし・やすみち）

1942年　宇都宮市に生まれる。東京教育大学文学部（日本史学専攻）。
千葉県県立高校教員、その後我孫子市教育委員会嘱託職員として勤務した。
我孫子市史、柏市史、野田市史、三郷市史編集にたずさわる。
著書に、杉村楚人冠の伝記『七花八裂』、『楚人冠』（現代書館）ほか。

手賀沼・我孫子別荘史
－別荘地から近郊住宅都市へ－

手賀沼ブックレット　No.14

2024年（令和6）9月20日　第1刷発行

著　者　　小林康達
発行人　　竹島いわお
発行所　　たけしま出版

〒277-0005　千葉県柏市柏762
柏グリーンハイツC204
TEL／FAX　04-7167-1381
振替　00110-1-402266
印刷・製本　戸辺印刷所
